Atividades físicas
para jovens com deficiências graves

Atividades físicas
para jovens com deficiências graves

Lindsay K. Canales, M.A.
Rebecca K. Lytle, Ph.D.

Título do original em inglês: *Physical Activities for Young People with Severe Disabilities*
Copyright © 2011 Lindsay K. Canales e Rebecca K. Lytle. Todos os direitos reservados.
Publicado mediante acordo com a Human Kinetics.

Este livro contempla as regras do Novo Acordo Ortográfico da Língua Portuguesa, que
entrou em vigor no Brasil.

Editor gestor: Walter Luiz Coutinho
Editora de traduções: Denise Yumi Chinem
Produção editorial: Priscila Mota, Renata Mello e Cláudia Lahr Tetzlaff

Tradução: Thais Spacov Camargo Pimentel

 Daniel Camargo Pimentel
 Médico diretor do Spine Center do Hospital do Coração de São Paulo (HCor)
 Professor do Centro de Acupuntura do IOT HC (FMUSP)
 Doutorando em Medicina pelo Departamento de Patologia da Faculdade de Medicina da
  Universidade de São Paulo (FMUSP)
 Especialista em Fisiatria Intervencionista pelo Spaulding Rehabilitation Hospital da Harvard Medical
  School
 Graduado em Medicina pela Faculdade de Medicina da Universidade de São Paulo (FMUSP)

Revisão de tradução e revisão de prova: Depto. editorial da Editora Manole
Diagramação: Depto. editorial da Editora Manole
Capa: Tereza Kikuchi

Dados Internacionais de Catalogação na Publicação (CIP)
(Câmara Brasileira do Livro, SP, Brasil)

Canales, Lindsay K.
 Atividades físicas para jovens com deficiências
graves / Lindsay K. Canales, Rebecca K. Lytle ;
[tradução Thais Spacov Camargo Pimentel e
Daniel Camargo Pimentel]. -- Barueri, SP :
Manole, 2013.

 Título original: Physical activities for young
people with severe disabilities.
 Bibliografia.
 ISBN 978-85-204-3514-4

 1. Educação física 2. Educação física para
deficientes físicos 3. Esportes 4. Exercícios
I. Lytle, Rebecca K.. II. Título.

13-02388	CDD-613.7087

Índices para catálogo sistemático:
1. Deficientes físicos : Educação física
adaptada 613.7087
2. Educação física adaptada : Deficientes
físicos 613.7087

Nenhuma parte deste livro poderá ser reproduzida, por qualquer processo,
sem a permissão expressa dos editores.
É proibida a reprodução por xerox.
A Editora Manole é filiada à ABDR – Associação Brasileira de Direitos Reprográficos.

Edição brasileira – 2013

Direitos em língua portuguesa adquiridos pela:
Editora Manole Ltda.
Av. Ceci, 672 – Tamboré
06460-120 – Barueri – SP – Brasil
Tel.: (11) 4196-6000
Fax: (11) 4196-6021
www.manole.com.br
info@manole.com.br

Impresso no Brasil
Printed in Brazil

Sumário

Sobre as autoras vii
Agradecimentos ix
Introdução xi

CAPÍTULO 1
Atividades de equilíbrio e flexibilidade. 1

CAPÍTULO 2
Atividades de fortalecimento muscular e
resistência cardiorrespiratória. 23

CAPÍTULO 3
Atividades que envolvem coordenação olhos-mãos e olhos-pés 45

CAPÍTULO 4
Atividades de movimentação espacial. 83

Apêndice: Pesquisa baseada em evidência 109
Recursos 112
Referências bibliográficas 115
Índice de atividades. 117

Sobre as autoras

Rebecca Lytle e Lindsay Canales

Lindsay K. Canales, M.A., ensina educação física adaptada há 10 anos e possui 6 anos de experiência como especialista nessa área, ensinando alunos dos 3 aos 22 anos de idade. Ela desenvolveu e implementou um programa de educação física que contém planos de aulas baseados em padrões para 8 dias especiais de aulas voltados aos alunos de educação infantil ao ensino fundamental. Lindsay também realizou apresentações em quatro conferências anuais da California Alliance for Health, Physical Education, Recreation and Dance (CAHPERD), da qual é membro, assim como do Northern California Adapted Physical Education Consortium. Em seu tempo livre, ela gosta de assistir a esportes e manter-se fisicamente ativa.

Rebecca K. Lytle, Ph.D., é professora e chefe do Departamento de Cinesiologia da Universidade Estadual da Califórnia (CSU), na cidade de Chico. Ela se apresentou em diversas conferências estaduais, nacionais e internacionais e recebeu vários prêmios, incluindo o Professional Achievement Honor de 2008 pela sua excelência no ensino e contribuição significativa para sua disciplina da CSU. Rebecca também presidiu o conselho do Outstanding Council Award de 2007, do Conselho de Atividade Física Adaptada da American Association for Physical Activity and Recreation, no qual também foi premiada. Em 2005, recebeu o Recognition Award for Autism Sensory and Motor Clinic da Autism Society of Northern California. Possui publicações em periódicos científicos, além de ser autora de oito livros antes desta publicação.

Rebecca atuou como presidente de mais de 12 comitês e conselhos de educação física adaptada. Ela é membro de diversas organizações, incluindo a American Alliance for Health, Physical Education, Recreation and Dance; o Council for Exceptional Children; a International Federation of Adapted Physical Activity e o National Consortium for Physical Education and Recreation for Individuals with Disabilities. Em seus momentos de lazer, ela gosta de realizar caminhadas, nadar e andar de tirolesa.

Agradecimentos

Gostaríamos de agradecer, em primeiro lugar, às crianças e suas famílias que nos ensinaram tanto ao longo dos anos. Em segundo lugar, gostaríamos de agradecer à Escola Mesa Vista e a todos os seus professores e modelos que nos ajudaram a conceber esta obra. Finalmente, agradecemos aos professores do Northern California Adapted Physical Education Consortium por todas as ideias e atividades desenvolvidas em colaboração durante anos, o que contribuiu enormemente para o conteúdo deste livro.

Em memória de Jesse Kohen, cuja energia e entusiasmo tocaram a vida de inúmeras crianças.

Introdução

Atividades físicas para jovens com deficiências graves foi escrito para auxiliar professores dos ensinos fundamental e médio a ministrarem atividades físicas para alunos com deficiências graves, como paralisia cerebral, espinha bífida e outras limitações ortopédicas que restrinjam sua mobilidade. Esses alunos provavelmente não têm condições de participar de um programa convencional de educação física com seus colegas de turma ou podem precisar de auxílio especial quando incluídos nessas atividades.

Embora tenha sido escrito com o intuito de auxiliar os professores da rede escolar, este livro também é útil para uma ampla gama de profissionais, como especialistas em educação física adaptada, professores de educação especial, especialistas em recreação terapêutica, professores de educação física e outros profissionais que planejam ou executam programas de atividades para jovens com deficiências físicas graves.

Esta obra apresenta 50 atividades que podem ser aplicadas diretamente aos alunos com deficiência. São atividades fáceis de preparar e conduzir e requerem o uso de equipamentos comuns. Estão dispostas de acordo com as habilidades físicas necessárias para sua execução; portanto, selecionar as atividades mais apropriadas para cada aluno é bem simples. Em vez de seguir uma ordem ou sequência, você poderá escolher as atividades baseando-se nas necessidades individuais de cada criança ou nas metas acadêmicas ou motoras que deseja atingir dentro de um programa de educação individualizada (PEI) para os alunos.

Apesar de as atividades aqui descritas visarem especialmente aos efeitos físicos dos exercícios, todas elas também se destinam a melhorar o bem-estar psicológico dos alunos. Como resultado dessas atividades, pode-se notar que eles expressarão atitudes mais positivas, mais autoestima e confiança e maior disponibilidade para interagir com as pessoas ao seu redor.

Essas atividades são destinadas a crianças e adolescentes inseridos no sistema público de educação especial (ensinos fundamental e médio, dos 11 aos 17 anos). Essa faixa etária foi selecionada para dar apoio às leis públicas que declaram que a educação física é um serviço exigido para crianças e adolescentes com idades entre 0 e 22 anos que se qualifiquem para serviços de educação especial em decorrência de uma deficiência específica ou atraso de desenvolvimento.

Os programas de atividade física devem se basear em padrões adequados com relação ao seu conteúdo. Por essa razão, as atividades descritas neste livro referem-se às normas estabelecidas pela National Association for Sport and Physical Education (NASPE), organização profissional norte-americana que estabelece padrões e diretrizes para a prática da educação física e esportes. Sua lista de padrões quanto às habilidades dos alunos da pré-escola ao ensino médio ajuda a definir "o que o aluno deve saber ou ser capaz de desempenhar como resultado de seu envolvimento em um programa de educação física de qualidade" (NASPE, 2004, p. 9). Os seis critérios que definem uma pessoa como fisicamente educada são:

- **Critério 1:** demonstra habilidades motoras e padrões de movimento necessários para cumprir uma variedade de atividades físicas.
- **Critério 2:** demonstra compreensão de conceitos, princípios, estratégias e táticas relacionadas ao movimento, aplicando-os à aprendizagem e ao desempenho das atividades.
- **Critério 3:** participa regularmente de atividades físicas.
- **Critério 4:** atinge e mantém um nível de melhora na saúde em relação à sua capacidade física.
- **Critério 5:** demonstra comportamento pessoal e social responsável, respeitando os ambientes de atividade física tanto próprios como de outras pessoas.
- **Critério 6:** valoriza a atividade física no que se refere a saúde, divertimento, desafio, expressão individual e/ou interação social (NASPE, 2004, p. 11).

Os critérios estabelecidos pela NASPE também fornecem diretrizes para um programa de educação física de alta qualidade. Eles estabelecem que o aluno deve ter a oportunidade de aprender recebendo "períodos educativos que totalizem um mínimo de 150 minutos (primário) e 225 minutos (ensino fundamental e médio) por semana" (NASPE, 2004, p. 5). Em virtude de as atividades descritas neste livro serem destinadas a crianças e adolescentes inseridos no sistema de educação pública americano, elas foram desenvolvidas com base nas diretrizes e padrões NASPE.

Organização das atividades

As atividades aqui descritas foram planejadas de forma a aumentar ou manter os níveis de força muscular, resistência cardiorrespiratória e flexibilidade dos jovens com deficiência. Elas também destinam-se a ser experiências positivas que aumentem a autoestima, a confiança e o bem-estar psicológico geral deles. As atividades estão agrupadas em capítulos que abordam quatro categorias em relação à boa forma física: equilíbrio e flexibilidade, força muscular e resistência cardiorrespiratória, coordenação entre os olhos e as mãos e entre os olhos e os pés e a movimentação espacial. A seguir, são encontradas as explicações sobre essas categorias.

- **Equilíbrio e flexibilidade.** As 10 atividades descritas no Capítulo 1 são voltadas para o aumento ou a manutenção do equilíbrio e da flexibilidade. Elas envolvem os movimentos de extensão dos membros superiores e inferiores do corpo para alcançar um objeto, a manutenção da posição de alongamento ou da postura corporal por um longo período, ou a manipulação de um objeto equilibrando-o adequadamente sobre uma área específica do corpo.

- **Força muscular e resistência cardiorrespiratória.** As 10 atividades descritas no Capítulo 2 visam trabalhar a força muscular em geral e a resistência cardiorrespiratória. Essas atividades envolvem movimento corporal constante, como caminhada, corrida, impulsão da cadeira de rodas e o movimento contínuo dos membros superiores e inferiores do corpo. Atividades de treinamento de resistência por meio do uso de equipamentos como faixas elásticas (Thera-Band®) e o peso do próprio corpo, assim como atividades cujo objetivo é manter o movimento por um determinado período, são projetadas para manter ou aumentar a força muscular e a resistência cardiorrespiratória.

- **Coordenação olhos-mãos e olhos-pés.** As 18 atividades descritas no Capítulo 3 envolvem a coordenação entre os olhos e as mãos, assim como entre os olhos e os pés. Essas atividades visam acompanhar um objeto com os olhos a fim de colocá-lo em contato de forma apropriada com a mão ou o pé. Habilidades que demonstram coordenação entre os olhos e as mãos e entre os olhos e os pés incluem atingir um objeto utilizando-se de um instrumento (p. ex., raquete, pá, bastão de hóquei), chutando uma bola e jogando-a na direção de um alvo. Ao executar tais atividades na direção de alvos, os alunos precisam mostrar que têm objetivo, força e precisão apropriados. Alunos que não são aptos a usarem suas mãos em determinada atividade podem usar seus pés. Por exemplo, uma criança com paralisia cerebral pode ter mais facilidade em mover seu pé em vez de sua mão para impulsionar um objeto. Por essa razão, muitas atividades desse capítulo podem ser modificadas para o uso da mão ou do pé, dependendo das necessidades do aluno e do objetivo a ser alcançado na tarefa.

- **Movimentação espacial.** As 12 atividades descritas no Capítulo 4 abordam a movimentação dos alunos dentro de limites determinados de forma segura, sem esbarrarem uns nos outros. Muitas atividades que envolvem a movimentação espacial permitem que o aluno se desloque livremente enquanto segue comandos de movimento específicos (p. ex., *pare, ande, por baixo, em volta, para cima*). Outras habilidades que podem ser identificadas dentro dessa categoria incluem perseguir, fugir e esquivar-se. Essas habilidades relacionadas ao movimento muitas vezes são vistas em jogos do tipo "pega-pega", em que a pessoa precisa ou pegar alguém ou evitar ser pega por outro jogador.

Cada atividade descrita neste livro é dividida nos seguintes tópicos:

- **Título.** O título tende a ser um nome divertido e criativo para a atividade. Ele não se destina a descrever o objetivo ou propósito da atividade.

- **Conceito(s) primário(s).** Este tópico identifica a categoria de aptidão física requerida na atividade. Como mencionado, as atividades são divididas em quatro categorias segundo a aptidão física a ser trabalhada (equilíbrio e flexibilidade, força muscular e resistência cardiorrespiratória, coordenação olhos-mãos e olhos-pés e a movimentação espacial).
- **Conceito(s) secundário(s).** Muitas das atividades envolvem habilidades múltiplas ou conceitos de movimento. Este tópico identifica especificamente essas habilidades secundárias ou conceitos de movimento. As habilidades incluem bater, chutar, jogar, pegar, rolar, perseguir, fugir e esquivar-se. Os conceitos de movimento incluem o uso de padrões criativos de movimento, o entendimento de comandos e o uso correto de foco, força e precisão ao realizar uma habilidade.
- **Objetivo da atividade.** Este tópico nos fornece uma visão geral do objetivo da atividade, descrevendo o que será atingido durante o exercício e qual será a lição aprendida pelos alunos ao seu final.
- **Equipamento(s).** Os materiais necessários para a execução da atividade são listados nesta seção. Eventualmente, a quantidade de materiais a serem utilizados não será especificada, visto que depende do número de alunos, sua habilidade e o espaço disponível para o desenvolvimento da atividade. Em virtude da importância de maximizar a participação dos alunos nas atividades, sugere-se que haja pelo menos um equipamento por aluno, a menos que eles trabalhem em pares ou em grupos pequenos. Também é importante prover uma variedade de equipamentos com o intuito de oferecer aos alunos vários níveis de dificuldade, aumentando, assim, seu êxito (p. ex., bolas, bolas de praia e saquinhos de feijão para pegar). Sua função é determinar o material mais apropriado baseando-se nas habilidades individuais de cada aluno.
- **Preparação.** Este tópico aborda o que deve ser feito previamente à aula, como preparar o espaço ou a instalação a ser utilizada ou a organização da atividade.
- **Procedimentos.** Este tópico descreve como executar a atividade do princípio ao fim. Estão aqui incluídas as instruções específicas e dicas a serem utilizadas na condução do exercício.
- **Variações para tornar a atividade mais fácil.** Algumas atividades, como descritas passo a passo no tópico "Procedimentos", podem não ser apropriadas para todos os alunos. Este tópico oferece sugestões para sua adaptação a fim de que os alunos com funcionalidade extremamente reduzida possam atingir algum grau de sucesso.
- **Variações para tornar a atividade mais complexa.** Algumas atividades, como descritas passo a passo no tópico "Procedimentos", podem ser muito simples para alguns alunos em particular, como os com funcionalidade mais desenvolvida. Para esses casos, este tópico dispõe de sugestões para adaptação das atividades a fim de torná-las mais estimulantes.
- **Questões informais para avaliação.** A avaliação é uma ferramenta importante para garantir que os alunos estejam sendo bem-sucedidos e que estejam alcançando um nível de compreensão no momento em que cumprem a atividade. Geralmente, a avaliação deve ocorrer antes, durante e depois da implantação de um programa

de atividade física. Ela deve auxiliar o professor ou a pessoa responsável pela implantação da atividade a responder perguntas importantes sobre o sucesso que os alunos alcançaram. A seguir, temos alguns exemplos de perguntas importantes a serem respondidas:

- Quais são as habilidades atuais do aluno?
- Que tipos de atividade são apropriadas para esse aluno?
- Quais habilidades devem ser avaliadas nesse aluno?
- Quão efetivo é o programa no atendimento às necessidades desse aluno?
- O aluno está se beneficiando da participação nesse programa?
- As instruções podem ser melhoradas para esse aluno?
- Quais habilidades o aluno desenvolveu por intermédio de sua participação nesse programa?
- De que forma houve melhora na qualidade de vida do aluno? (Kasser & Lytle, 2005, p. 74-75).

Há diversas estratégias e ferramentas para avaliar os alunos tanto formal como informalmente. Ferramentas para avaliação formal em geral são testes padronizados que seguem instruções bastante específicas. Avaliações informais são muito menos específicas e podem incluir observações, escalas de avaliação, questionários, ou até mesmo perguntas para reflexão que avaliam o grau de compreensão dos alunos. Avaliações alternativas como essas, que verificam o progresso diariamente, são mais apropriadas que avaliações formais quando se trabalha com alunos com deficiências graves.

As questões sugeridas neste livro ajudam na avaliação concisa dos alunos de forma a garantir que eles estejam alcançando os objetivos propostos pelas atividades realizadas. Elas não têm a pretensão de serem avaliações globais sobre o desempenho do aluno. Recomenda-se que um especialista em educação física adaptada realize uma avaliação mais ampla, a fim de proporcionar uma compreensão das habilidades motoras globais dos alunos de forma mais completa.

Garantindo a segurança

Pessoas com deficiência em geral apresentam questões particulares quanto à saúde e à segurança. Muitas vezes, percebe-se que os alunos com deficiências físicas têm menos força e resistência quando comparados a seus colegas da mesma faixa etária, o que pode fazer com que sobrecarreguem seu organismo. Eles também são mais predispostos a infecções ou outras intercorrências em razão da própria deficiência ou ainda do uso de determinadas medicações.

Em virtude dessas questões médicas envolvidas, deve-se ter ainda mais cautela ao fazer o planejamento de alguma atividade física para alunos excepcionais. É fundamental precaver-se no que se refere à segurança do local onde as atividades serão feitas. Pode ser necessária a escolha de equipamentos adaptáveis às necessidades dos alunos, em termos de textura, tamanho e peso. Também é importante estar preparado para emergências, tendo conhecimento sobre técnicas de primeiros socorros como ressuscitação cardiopulmonar e de protocolos a serem aplicados em casos de crises convulsivas.

Para ser capaz de proporcionar um ambiente seguro para aprendizagem, é fundamental que o educador esteja ciente das necessidades individuais e das questões específicas envolvidas no cuidado de cada um de seus alunos. Para isso, é necessário o acesso aos seus arquivos confidenciais. Outra maneira eficaz para obter informações sobre a saúde dos alunos é o contato com enfermeiros ou outros profissionais da área da saúde responsável pelo cuidado deles. O profissional em questão informará sobre possíveis efeitos colaterais a alguma medicação que esteja sendo administrada e sobre alergias ou doenças concomitantes como diabetes, epilepsia ou asma. Caso haja preocupação quanto a condições médicas específicas e sua relação com a atividade física, o educador deve solicitar ao médico responsável pelo aluno sua liberação para a prática da atividade, além de seguir os protocolos estipulados pela escola.

Educar o aluno com deficiência a respeito de sua segurança e sobre os cuidados necessários ao se exercitar o ajudará a ter consciência de seu próprio ambiente e da tolerância aos exercícios. Até que os alunos tenham total compreensão sobre os cuidados relacionados à saúde e à segurança no ambiente de educação física, estes devem ser monitorados de perto por profissionais especializados e aptos a supervisionar sua participação nas atividades. Por exemplo, um aluno alérgico a látex pode não saber quais os equipamentos que contêm o produto, portanto, o educador deve estar alerta. Cuidados específicos relacionados à segurança são mencionadas ao longo de todo o livro. Contudo, educadores qualificados e treinados sempre devem estar atentos às considerações individuais quanto à segurança que alguns alunos em especial possam requerer.

Estratégias de ensino e dicas

Para garantir um bom desempenho nos seus programas de exercícios, você deve colocar em prática estratégias de ensino eficazes. Ensinar habilidades funcionais e generalizações para crianças e adolescentes é de suma importância para o estímulo de sua independência e para desenvolver sua habilidade de socialização na vida diária (Brown et al., 2001).

Estratégias adicionais para envolver os alunos no aprendizado incluem dar escolhas a eles e utilizar reforços positivos (Wolery & Schuster, 1997). Especificamente, uma pesquisa mostra que o uso de dicas verbais e físicas, associadas com o aumento do tempo que o aluno permanece envolvido na atividade e a prática de individualizar (diferenciar) as instruções dadas (DePauw, 1996), cria um ambiente positivo para o aprendizado em educação física.

Aumentar as oportunidades para a participação de crianças e adolescentes em atividades físicas durante o período escolar é benéfico. O ensino de educação física como parte do currículo escolar é obrigatório para crianças e adolescentes com deficiência segundo o IDEA 2004 (Individuals with Disabilities Education Act), e tem o apoio de organizações tanto nacionais como internacionais que definiram diretrizes quanto às atividades físicas. Por fim, a meta é aumentar a função e a qualidade de vida de todos, incluindo aqueles com deficiências físicas graves.

A educação e a avaliação de alunos com deficiências graves no ambiente escolar pode ser muito difícil (Kauffman e Krouse, 1981; Kleinert e Kearns, 1999; Meyer, Eichinger e Park-Lee, 1987). Muitas vezes, alunos que compõem essa população não têm a habilidade de compreender conceitos ou alcançar o mesmo nível de conhecimento que seus colegas na mesma faixa etária (Brown et al., 2001). Por esse motivo, são necessárias abordagens alternativas de ensino para garantir que alunos com deficiências possam atingir conhecimento em níveis ideais. Educadores também devem refletir a respeito do que deve ser ensinado em termos de conteúdo a alunos que podem não desenvolver habilidades físicas e mentais suficientes para demonstrar conhecimento e compreensão plenos das principais áreas de matemática, português, ciências e história. Muitas pesquisas na área de educação especial concluem que o ensino de habilidades funcionais e generalizações a alunos com funcionalidade reduzida pode ser a forma mais adequada de ensino na educação pública (Brown et al., 2001).

A seguir estão descritas algumas estratégias comprovadamente eficazes, segundo pesquisas, no que se refere ao ensino de alunos com deficiências:

- manter o aluno ocupado na tarefa durante um período significativo;
- expor o material de forma clara e organizada;
- apresentar a informação verbalmente;
- apresentar a informação por meio de sinais físicos, como demonstrações;
- manter sinais tanto verbais como físicos curtos e simples para ajudar o aluno a se manter focado em determinada tarefa, evitando assim que ele se sinta sobrecarregado;
- proporcionar uma resposta (*feedback*) de qualidade à interação do aluno;
- utilizar estratégias para aumentar a motivação dos alunos, como dar escolhas a eles, organizar a apresentação da atividade de forma interessante e utilizar o reforço positivo de maneira consistente;
- buscar resultados funcionais que sejam importantes tanto no ambiente presente quanto no futuro;
- fazer com que o aluno realize atividades em vários ambientes para aumentar a generalização do aprendizado.

Cada atividade apresentada neste livro pode ser alterada para se adaptar às necessidades dos alunos, assim como ao ambiente e à disponibilidade de equipamentos. Utilize as seguintes dicas aprovadas por outros professores à medida que pode incluir as atividades nas suas próprias aulas:

- **Diversifique os equipamentos.** A modificação dos materiais (p. ex., variar o tamanho, o peso ou a textura) pode aumentar o índice de sucesso dos alunos sem alterar o objetivo da atividade. A modificação na quantidade de materiais pode agilizar (mais materiais) ou atrasar (menos materiais) o andamento da atividade. Materiais feitos em casa podem ser baratos e simples de produzir. Novelos, *frisbees* de nylon, garrafas de água e latas de alumínio são exemplos de materiais caseiros que podem ser utilizados nas atividades descritas neste livro.

- **Adapte as instalações.** A maioria das atividades aqui descritas pode ser ministrada em diferentes tipos de instalações fazendo algumas pequenas adaptações. Se for desenvolvida uma atividade em um espaço pequeno, basta diminuir a quantidade de regras, remover algum equipamento que não esteja sendo utilizado ou alterar o tipo de material a ser utilizado para algo mais leve e que se mova de forma mais lenta, como uma bexiga. Se você tem uma área grande disponível para as atividades, divida os alunos em grupos de forma que várias atividades ocorram ao mesmo tempo (como em um circuito). Isso manterá todos os alunos ocupados, evitando que alguns fiquem ociosos aguardando sua vez.

- **Marque os locais para as atividades.** É muito útil indicar os locais para onde os alunos devem mover-se, onde devem ficar ou se sentar; para isso, você pode fazer uso de objetos ou marcações no chão. Figuras indicando como as atividades devem ser feitas podem auxiliar os alunos a manterem o foco. É possível utilizar também fita adesiva ou giz para fazer linhas no chão, criar desenhos, ou ainda pode-se cortar papel laminado em formatos diferentes, dependendo da atividade que se deseja desenvolver naquela região (p. ex., se você deseja que os alunos se sentem em um círculo, coloque algum marcador no chão com o formato de um círculo e, então, peça para os alunos se dirigirem à região marcada para se sentarem).

- **Utilize dicas verbais e visuais.** O sinal pode ser uma palavra, frase, figura ou outra forma de demonstrar a habilidade que você deseja desenvolver. A utilização de sinais curtos e simples (como uma palavra ou um gesto) auxilia a manter o foco dos alunos nas tarefas a serem desenvolvidas e evita que eles sejam sobrecarregados com instruções. Por exemplo, se você está treinando arremesso, procure instruí-los inicialmente a segurarem a bola ou saquinho de feijão próximo a região da orelha. Uma vez que eles tiverem conseguido cumprir essa etapa de forma satisfatória, passe para a próxima instrução: colocar a perna oposta um pouco à frente do corpo.

- **Seja flexível quanto ao tempo.** A duração de cada atividade pode variar dependendo do nível dos alunos e de sua taxa de sucesso. É importante ter em mente que a repetição é algo importante para alunos com deficiência, e que podem ser necessárias muitas tentativas até que eles atinjam o nível de compreensão necessário para efetuar a tarefa. Nunca desista na primeira tentativa!

- **Mantenha a atividade no nível dos olhos.** Muitas atividades são mais bem--sucedidas quando realizadas no nível dos olhos do aluno com deficiência física grave. Desenvolver atividades sobre uma mesa ou usando alvos em uma parede pode ser mais visualmente estimulante para o aluno, o que faz com que ele compreenda melhor a atividade e se envolva mais com ela. Essa estratégia também pode facilitar a manipulação de objetos. Por exemplo, alunos que utilizam cadeiras de rodas, muletas ou andadores a maior parte do dia podem ter dificuldade em participar de atividades como boliche, que requer a manipulação de um objeto com as duas mãos. Efetuar essa atividade em uma mesa, onde o aluno será capaz de manipular a bola de forma mais efetiva, pode aumentar seu sucesso.

- **Utilize música.** Música e instrumentos musicais podem ser utilizados de diversas formas durante a atividade física. Uma música que verbalize especificamente as tarefas a serem desenvolvidas pode estimular e encorajar os alunos a seguirem as orientações. Utilizar uma música com ritmo simples, que os alunos possam acompanhar balançando um bastão de fita no ar (o mesmo utilizado na ginástica artística) ou batendo um bastão sobre uma superfície pode ser bastante eficaz. Também é possível utilizar a música como um sinal para os alunos iniciarem ou pararem a atividade, ou ainda utilizar diferentes ritmos (lento, médio e rápido) à medida que eles se movimentam.

- **Enfatize causa e efeito.** Atividades e equipamentos que mostram causa e efeito podem ser muito gratificantes para alunos com deficiência física grave. Eles gostam, por exemplo, de ver pinos de boliche ou garrafas de água caírem após serem tocadas. Interruptores também são populares entre esses alunos (eles gostam de ver a luz acender ao encostarem no interruptor). Incorporar causa e efeito às atividades pode manter o interesse dos alunos e pode ajudá-los a compreender a finalidade da tarefa que estão praticando.

- **Crie e mantenha rotinas.** Estabelecer uma rotina é muito importante quando ministramos uma sala de aula. Ter uma rotina de aquecimento regular, um local para onde os alunos sempre vão ou um ícone para seguirem toda vez que começarem uma atividade pode ajudá-los a se manterem focados nas tarefas. Da mesma maneira, pode ser útil terminar as atividades sempre da mesma forma. Ter uma rotina para relaxamento após a atividade, um local habitual onde os equipamentos devem ser guardados ou terminar a atividade com uma série de questões que conferem o aprendizado dos alunos são maneiras eficazes de realizar a transição entre as atividades durante o dia de aula.

- **Foque ou altere padrões de movimento.** Padrões de movimento são habilidades necessárias para a realização de uma atividade ou para a participação em um jogo. Por exemplo, em um jogo de basquete, os jogadores devem ter a capacidade de driblar, fazer passes, pegar, lançar, correr, deslizar e mudar sua direção rapidamente. Mudar padrões de movimento dentro de uma atividade ou focar-se em apenas um ou dois tipos de movimento pode tornar mais bem-sucedida a participação dos alunos. No basquete, por exemplo, pode-se fazer com que os alunos não driblem, apenas lancem a bola entre si ou não corram, apenas andem. Se desejar tornar a tarefa mais fácil, exija menos habilidades dos alunos, assim como para torná-la mais difícil pode-se fazer uso de movimentos mais complexos e trabalhar mais habilidades.

Conclusão

Escolher a atividade física ideal para alunos com deficiência física grave pode ser um grande desafio para qualquer educador. Por esse motivo, esses alunos acabam tendo que desempenhar atividades físicas apenas de maneira passiva. O objetivo deste livro é fornecer uma série de atividades que possam satisfazer a duas necessidades: o estabelecimento de padrões adequados ao ano escolar e às metas e objetivos do programa de educação individualizada (PEI). O maior envolvimento na atividade física proporcionará aos alunos com deficiência aumento de sua capacidade física, mais divertimento e melhora na sua qualidade de vida.

Capítulo 1

Atividades de equilíbrio e flexibilidade

As 10 atividades deste capítulo enfocam o aumento e a manutenção de equilíbrio e flexibilidade. Essas atividades envolvem estender os membros superiores e inferiores para alcançar algum objeto, mantendo uma posição de alongamento ou determinada postura corporal por um período prolongado, ou manipular um objeto equilibrando-o adequadamente em uma parte específica do corpo.

Desafio do saquinho de feijão

Conceitos primários
Equilíbrio e flexibilidade.

Conceitos secundários
Conceitos preposicionais; identificação de partes do corpo.

Objetivo da atividade
Equilibrar um saquinho de feijão em uma parte específica do corpo enquanto mantém o equilíbrio.

Equipamento
Saquinhos de feijão (um por aluno).

Preparação
Posicione os alunos em círculo e dê a cada um deles um saquinho de feijão.

Procedimentos
1. Peça a cada aluno para segurar o saquinho de feijão enquanto se mantêm parados.
2. Nomeie e demonstre o movimento enquanto o aluno imita seus movimentos. Tente os seguintes movimentos, conforme listados abaixo, do mais fácil para o mais difícil:
   - equilibre o saquinho de feijão na cabeça; a seguir, passe a equilibrá-lo no braço; depois, mova o braço para cima e para baixo;
   - equilibre o saquinho de feijão na barriga;
   - equilibre o saquinho de feijão na orelha;
   - equilibre o saquinho de feijão nas costas;
   - equilibre o saquinho de feijão no ombro;
   - equilibre o saquinho de feijão em um joelho, depois no outro;
   - equilibre o saquinho de feijão na cabeça e gire o corpo;
   - equilibre o saquinho de feijão no pé e depois mova-o para cima e para baixo;
   - jogue o saquinho de feijão para cima e pegue-o;
   - de costas, jogue o saquinho de feijão com as pernas e pegue-o;
   - jogue o saquinho de feijão para cima, bata palma uma vez e pegue-o.

Variações para tornar a atividade mais fácil
- Use a técnica da mão sobre a mão (ajude fisicamente).
- Dê dicas simples que enfoquem somente na parte do corpo (p. ex., "Saquinho de feijão na cabeça").
- Permita que os alunos usem a outra mão para equilibrar o saquinho de feijão.

Variações para tornar a atividade mais complexa
- Apenas nomeie o desafio do saquinho de feijão, sem demonstrá-lo.
- Peça aos alunos para falar as dicas.
- Jogue o "desafio do saquinho de feijão" como um jogo do tipo "seu mestre mandou".

Questões informais para avaliação
- O aluno se mostrou capaz de manter o saquinho de feijão nas partes do corpo especificadas?
- O aluno se mostrou capaz de reconhecer as partes do corpo tanto verbal como fisicamente?

Músicas sugeridas
- Greg & Steve, *Kids in Motion: Beanbag Boogie I, Beanbag Boogie II*
- Greg & Steve, *Kids in Motion: Beanie Nag Dance*

Boliche com o corpo

Conceitos primários
Equilíbrio e flexibilidade.

Conceito secundário
Atingir um alvo.

Objetivo da atividade
Demonstrar flexibilidade usando o corpo para acertar e derrubar pinos de boliche ou qualquer outro objeto vertical.

Equipamentos
Pinos de boliche ou objetos leves que possam ser derrubados, como caixas de leite, garrafas plásticas de água ou refrigerante vazias ou latas vazias; um tapete ou colchonete de superfície macia de cerca de 3 m de comprimento para cada aluno.

Preparação
Coloque o tapete ou colchonete no chão, em um espaço aberto, sem obstáculos (uma área aberta acarpetada também funcionaria bem). Posicione os pinos de boliche em volta da área designada para eles no tapete/colchonete.

Procedimentos
1. Posicione os alunos deitados no tapete ou mesmo no chão.
2. Ao seu sinal, os alunos terão de estender o corpo em todas as direções, derrubando todos os pinos que os rodeiam.

Variações para tornar a atividade mais fácil
- Posicione os pinos perto dos alunos de forma que eles não tenham de ir muito longe para derrubá-los.
- Permita que os alunos se sentem em cadeiras e usem macarrões de piscina ou raquetes para derrubar os pinos.

Variações para tornar a atividade mais complexa
- Posicione os pinos mais afastados dos alunos de forma que eles tenham de alcançá-los para derrubá-los.
- Incentive os alunos a rolarem, impulsionando o corpo de encontro aos pinos para derrubá-los.
- Coloque os pinos mais afastados em uma superfície rígida. Oriente os alunos a se sentarem em uma prancha com rodinhas, manobrando-a para derrubar os pinos.

Questões informais para avaliação
- O aluno está derrubando os pinos com uma parte do corpo?
- O aluno é capaz de derrubar ao menos um dos pinos posicionados?

Pega-bolhas

Conceitos primários
Equilíbrio e flexibilidade.

Conceitos secundários
Identificação de partes do corpo; coordenação olho-mão.

Objetivo da atividade
Estourar as bolhas de sabão usando partes específicas do corpo.

Equipamento
Bolhas de sabão (com preparado comprado ou feito em casa, em grandes ou pequenas porções) ou máquina geradora de bolhas.

Preparação
Encontre uma área ampla, sem obstáculos.

Dica de segurança
Não realize esta atividade em chão de cerâmica, ladrilhos ou em piso laminado. O sabão tornará esses tipos de pisos muito escorregadios.

Procedimentos
1. Posicione os alunos a aproximadamente 1,5 m de distância ou mais da pessoa que irá soprar as bolhas de sabão (ou da máquina geradora de bolhas).
2. Uma pessoa fala alguma parte do corpo.
3. A pessoa encarregada das bolhas sopra uma série delas (cerca de 10 bolhas) enquanto os alunos tentam estourá-las usando a parte do corpo que foi falada.
4. Uma vez que as bolhas de sabão desapareçam, repita o procedimento.

Variações para tornar a atividade mais fácil
- A pessoa encarregada por fazer as bolhas deverá soprar uma de cada vez.
- Oriente os alunos a seguir as bolhas somente com os olhos ou com a cabeça.
- Use somente bolhas grandes.
- Tenha figuras de partes do corpo em cartões, e peça aos alunos para pegarem o cartão e estourarem as bolhas com a figura que consta nele.

Variações para tornar a atividade mais complexa
- Aumente a velocidade de produção das bolhas.
- Deixe que os alunos produzam as bolhas ou falem as partes do corpo.
- Instrua os alunos a contarem quantas bolhas eles estouraram com determinada parte do corpo.

Questões informais para avaliação
- O aluno é capaz de identificar as partes do corpo?
- O aluno é capaz de tocar a bolha usando uma parte específica do corpo?

Escalando a parede

Conceitos primários
Equilíbrio e flexibilidade.

Conceito secundário
Coordenação olho-mão.

Objetivo da atividade
Realizar manobrar em um espaço designado enquanto mantém o equilíbrio.

Equipamentos
Papéis coloridos cortados em várias formas, tamanhos e texturas; fita adesiva (plastifique os papéis para maior durabilidade do material e para que ele possa ser usado diversas vezes).

Preparação
Com a fita, cole as figuras coloridas aleatoriamente (p. ex., em níveis alto, médio e baixo) ao longo de uma parede que tenha aproximadamente 6 m de largura por 2 m de altura e no chão onde a parede encontra o piso.

Procedimentos
1. Instrua os alunos a começarem o movimento em uma ponta da parede.
2. Dê dicas para o movimento da escalada na parede – por exemplo: "Com o seu pé esquerdo, pise no coração vermelho no chão, e com a sua mão esquerda encontre a estrela azul na parede".
3. Continue fornecendo pistas até que os alunos tenham chegado à outra ponta da parede.
4. Se vários alunos estiverem participando, posicione-os espalhados ao longo da parede para que eles iniciem a atividade em pontos diferentes.

Variações para tornar a atividade mais fácil
- Use figuras somente na parede ou somente no chão.
- Dê as pistas apenas com uma característica (somente a cor ou somente a forma).
- Não designe que mão (esquerda ou direita).

Variações para tornar a atividade mais complexa
- Elabore pistas mais complexas (p. ex., "Mão direita na estrela azul").
- Peça a um aluno para dar as dicas.
- Coloque as figuras de uma maneira que seja mais difícil encontrá-las.

Questões informais para avaliação
- O aluno é capaz de identificar formas, cores e texturas?
- O aluno é capaz de se movimentar de uma figura para outra corretamente?

Pular corda com vareta de barraca

Conceitos primários
Equilíbrio e flexibilidade.

Conceitos secundários
Coordenação; força muscular.

Objetivo da atividade
Experimentar ritmo e movimento associados com esta atividade pulando, pisando ou rolando sobre uma vareta de barraca usada como corda de pular.

Equipamento
Varetas de barraca flexíveis (para serem usadas como corda de pular).

Preparação
Una as varetas de barraca de forma que elas se tornem uma linha sólida.

Procedimentos
1. Peça a dois adultos ou alunos aptos para segurarem cada ponta da vareta de modo que ela se curve levemente a fim de que o centro da vareta toque o chão (esta é a corda de pular).
2. Oriente o aluno a se posicionar de pé no centro, assim como na brincadeira de pular corda tradicional.
3. Peça aos ajudantes para girarem a vareta como uma corda, enquanto o aluno pula, pisa ou rola sobre ela no tempo certo (a vareta é uma ferramenta ótima para servir como corda, pois se move muito mais lentamente que uma corda tradicional).

Variações para tornar a atividade mais fácil
- Diminua a velocidade da vareta.
- Instrua os ajudantes a fazerem uma pausa quando a vareta tocar o chão para que o aluno possa reagir pulando, pisando ou rolando sobre ela.
- Dê uma dica ao aluno quando for o momento de pular.

Variações para tornar a atividade mais complexa
- Aumente a velocidade da vareta.
- Conte quantas vezes o aluno consegue pular a vareta consecutivamente.
- Cante uma música de pular corda.
- Use uma corda de pular tradicional.

Atividades de equilíbrio e flexibilidade **11**

Questões informais para avaliação
- O aluno é capaz de pular, pisar ou rolar sobre a vareta no momento apropriado?
- O aluno é capaz de pular sobre a vareta consecutivamente?

Aeróbica com pratos

Conceitos primários
Equilíbrio e flexibilidade.

Conceitos secundários
Força muscular; resistência cardiorrespiratória.

Objetivo da atividade
Realizar exercícios de movimentação usando pratos de papel enquanto mantém equilíbrio e controle.

Equipamento
Pratos de papel lisos (um ou dois por aluno).

Preparação
Posicione os alunos em círculo (use marcações no chão se desejar) sobre uma superfície acarpetada.

Procedimentos
1. Instrua os alunos a iniciarem em pé, com o pé direito em um prato de papel e as pernas levemente separadas.
2. Peça-lhes para colocarem o peso do corpo na perna esquerda enquanto escorregam a perna direita para fora (para longe do corpo) e depois escorreguem de volta.
3. Agora, incentive os alunos a escorregarem o pé direito (no prato de papel) para a frente e para trás.
4. Oriente os alunos a trocarem de pé (o prato fica agora embaixo do pé esquerdo) e repita os movimentos.
5. Uma vez que os alunos pegarem o jeito de deslizar com o prato usando os pés, dê a eles outro prato para colocá-lo no outro pé.
6. Agora, incentive os alunos a moverem ambos os pés para fora e para dentro; depois, um pé para a frente e o outro para trás, e depois inverta.
7. Coloque música para tocar e incentive os alunos a dançarem e se moverem pelo espaço usando os pratos de papel para movimentar as pernas. Oriente os alunos com pistas para movimentação espacial:
   - procure espaços vazios;
   - cuidado com os colegas.

Variações para tornar a atividade mais fácil
- Instrua os alunos a usarem suas mãos em vez dos pés. Coloque-os sentados com suas mãos sobre uma mesa na frente deles. Eles podem mover as mãos para fora e para dentro, para a frente e para trás.
- Segure os alunos pela mão para proporcionar equilíbrio e sustentação.

Variações para tornar a atividade mais complexa
- Incentive o aluno a se mover pela sala de lado, levando o primeiro pé para fora, depois trazendo o outro pé para dentro e repetindo o procedimento até que ele chegue ao lado oposto da sala.
- Ajude os alunos a criarem uma dança ou sequência de movimentos usando os pratos de papel.
- Oriente os alunos a usarem pratos de papel tanto nas mãos como nos pés.

Questões informais para avaliação
- O aluno é capaz de manter o equilíbrio usando os pratos de papel?
- O aluno é capaz de se mover por um período específico enquanto usa os pratos?

Controle de caminho

Conceitos primários
Equilíbrio e flexibilidade.

Conceitos secundários
Coordenação olho-pé; precisão.

Objetivo da atividade
Impulsionar uma cadeira de rodas ou uma prancha com rodinhas no controle de um caminho específico.

Equipamento
Giz ou fita (também é possível usar cones ou tapetes para marcar o caminho).

Preparação
Marque o caminho usando duas linhas paralelas, separadas por aproximadamente 1,5 m de distância no chão, usando giz ou fita adesiva. Você pode fazer o caminho simples ou complexo, dependendo do nível funcional dos alunos.

Procedimentos
1. Peça aos alunos para iniciar em uma das extremidades do caminho.
2. Ao seu sinal, os alunos devem impulsionar suas cadeiras de rodas ou pranchas com rodinhas pelo caminho, tentando se manter dentro das linhas paralelas e chegar à outra extremidade.

Variações para tornar a atividade mais fácil
- Incentive os alunos a se concentrarem em manter somente uma das rodas no caminho.
- Faça um caminho bem simples e amplo.
- Empurre os alunos enquanto eles falam a direção e velocidade.

Variações para tornar a atividade mais complexa
- Trace um caminho mais estreito.
- Faça o traçado do caminho mais complexo ou peça aos alunos para percorrerem-no de costas.
- Oriente os alunos a usarem pranchas com rodinhas.
- Incentive os alunos a contarem o número de vezes que eles se desviam do caminho, ultrapassando as linhas. Depois peça-lhes para tentar diminuir esse número.
- Cronometre o tempo que os alunos gastam para fazer o percurso e desafiem-nos a baterem seus tempos.

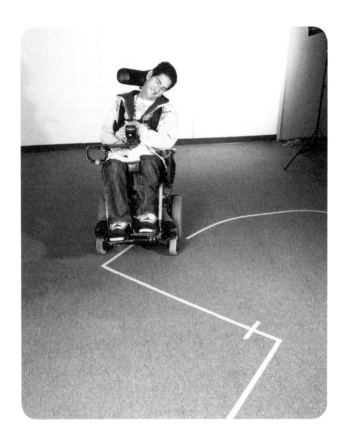

Questões informais para avaliação
- O aluno é capaz de seguir o percurso marcado no chão enquanto mantém o equilíbrio?
- O aluno é capaz de se manter entre as linhas por todo o caminho até o final do trajeto?

Bola no gol!

Conceitos primários
Equilíbrio e flexibilidade.

Conceitos secundários
Coordenação olho-mão e olho-pé.

Objetivo da atividade
Rolar uma bola grande para ginástica por uma área designada sem que a bola seja bloqueada por um aluno oponente.

Equipamento
Bola grande para ginástica.

Preparação
Use uma área grande e livre de obstáculos (de pelo menos 7,6 m de extensão) que possua uma parede livre com uma distância de braços estendidos por toda a área.

Procedimentos
1. Dois alunos são necessários para conduzir essa atividade. Os alunos ficam em cadeiras de rodas ou em cadeiras comuns.
2. Posicione os alunos a aproximadamente 1,5 m (um pouco mais que a distância de um braço) da parede livre, virados um para o outro, a cerca de 7,5 m de distância.
3. Um aluno começa com a bola para ginástica e, ao seu sinal, ele rola a bola para a frente, tentando fazer com que ela passe pelo outro aluno, que tentará bloquear a bola. Os alunos poderão usar qualquer parte do corpo tanto para rolar como para bloquear a bola.
4. Oriente os alunos a se alternarem nas posições ofensiva (rolando a bola) e defensiva (bloqueando a bola).

Variações para tornar a atividade mais fácil
- Incentive os alunos a usarem objetos para tentar bloquear a passagem da bola.
- Explique-lhes que podem usar as cadeiras de rodas para bloquear a passagem da bola.
- Oriente os alunos a jogarem no nível da mesa. O objetivo passa a ser evitar que a bola role para fora da mesa.

Variações para tornar a atividade mais complexa
- Posicione os alunos mais distantes que 1,5 m da parede livre.
- Incentive os alunos que conseguem jogar fora da cadeira de rodas a começarem o jogo ajoelhados.
- Aumente a distância entre os alunos.

Atividades de equilíbrio e flexibilidade 17

O objetivo desta atividade é atirar a bola entre a cadeira e a parede. A cada bola que atinge o alvo marca-se um ponto.

Questões informais para avaliação
- O aluno é capaz de mover para a frente a bola para ginástica?
- O aluno é capaz de impedir a bola de rolar usando o corpo ou algum objeto?

Sente-se e puxe

Conceitos primários
Equilíbrio e flexibilidade.

Conceitos secundários
Fortalecimento muscular; resistência cardiorrespiratória.

Objetivo da atividade
Segurar em uma corda e puxar a si mesmo para a frente o mais rápido possível.

Equipamentos
Uma corda de aproximadamente 6 m de comprimento; grade, gancho ou poste de tabela de basquete para fixar a corda; prancha com rodinhas (se apropriado) ou cadeira de rodas.

Preparação
Prenda uma extremidade da corda de forma segura em uma grade, gancho ou poste de tabela de basquete a não mais do que 1,5 m do chão. Coloque a corda reta. Prepare várias cordas para os alunos.

Procedimentos
1. Peça aos alunos para segurarem na ponta solta da corda com as duas mãos. Eles devem estar sentados na cadeira de rodas ou em uma prancha com rodinhas (se apropriado).
2. Ao seu sinal, os alunos se puxam (com uma mão sobre a outra) até a outra ponta da corda o mais rápido possível.

Variações para tornar a atividade mais fácil
- Instrua os alunos a segurarem na corda enquanto você os move de um lado para o outro.
- Ajude-os usando a técnica de mão sobre mão.
- Empurre a cadeira ou a prancha para auxiliar os alunos enquanto eles se puxam pela corda (mão sobre mão).

Variações para tornar a atividade mais complexa
- Incentive uma competição entre dois ou mais alunos.
- Peça aos alunos para se moverem para trás até que a corda fique esticada.

Atividades de equilíbrio e flexibilidade 19

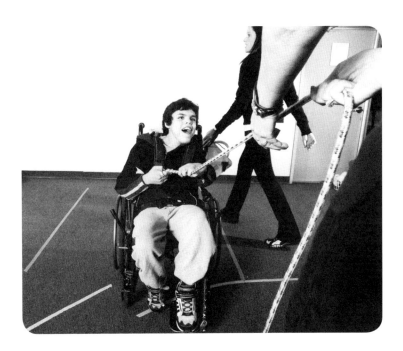

Questões informais para avaliação
- O aluno está se puxando em direção ao local desejado usando o movimento de uma mão sobre a outra?
- O aluno é capaz de se equilibrar na prancha com rodinhas ou na cadeira de rodas enquanto se segura na corda?

Voleibol sentado

Conceitos primários
Equilíbrio e flexibilidade.

Conceitos secundários
Coordenação olho-mão; atingir um alvo.

Objetivo da atividade
Bater em uma bola de praia sobre uma rede usando as mãos ou a cabeça enquanto se mantém em uma posição sentada.

Equipamentos
Uma bola de praia ou um balão grande; uma corda de aproximadamente 3,5 m de comprimento; um par de cadeiras ou objetos para segurar a corda; material para demarcar onde os alunos deverão permanecer durante a atividade.

Preparação
Amarre cada uma das pontas da corda a uma cadeira. Esta será sua rede de voleibol (certifique-se de que ela não esteja muito alta em relação ao chão). Coloque os marcadores de posição de forma simétrica em ambos os lados da rede (corda) para indicar onde os alunos devem se sentar.

Procedimentos
1. Peça aos alunos para se sentarem nas marcações. Divida os alunos com maior e menor habilidade igualmente em ambos os lados da rede.
2. Use as dicas: "Ponha as duas mãos acima da cabeça para eu saber que estão prontos" e "Mantenha os olhos na bola". Os alunos batem na bola jogando-a para a frente usando as duas mãos para fazer com que a bola passe por cima da rede (deixe os alunos usarem as cabeças).
3. Permita que os alunos batam na bola diversas vezes de um lado da rede antes de passá-la para o outro lado.
4. Se a bola tocar o chão, permita que o aluno a arremesse por cima da rede para começar o voleibol novamente.

Variações para tornar a atividade mais fácil
- Permita que os alunos segurem a bola.
- Deixe-lhes empurrar a bola para fora de seu colo ou de sua bandeja de colo enquanto outro aluno do time bate na bola antes que ela atinja o chão.
- Jogue a bola inicialmente.
- Oriente os alunos a se sentarem em círculo e baterem na bola jogando-a uns para os outros.
- Permita que a bola quique entre as batidas.

O voleibol sentado pode ser jogado cooperativamente com os alunos contando quantas vezes conseguem atingir a bola antes que ela toque o chão.

Variações para tornar a atividade mais complexa
- Conte quantas vezes os alunos conseguem acertar a bola antes que ela atinja o chão.
- Permita que os alunos iniciem o jogo passando a bola sobre a rede.
- Use as regras tradicionais do voleibol (p. ex., só é permitido dar no máximo três toques antes que a bola seja arremessada para o outro lado da rede).

Questões informais para avaliação
- O aluno é capaz de fazer contato com a bola usando as mãos ou a cabeça?
- O aluno é capaz de ficar sentado durante a atividade?

Capítulo 2

Atividades de fortalecimento muscular e resistência cardiorrespiratória

As 10 atividades deste capítulo enfocam o fortalecimento muscular geral e a resistência cardiorrespiratória. Essas atividades envolvem movimento corporal constante, como caminhada, corrida, impulsão de cadeira de rodas e o movimento contínuo dos membros superiores e inferiores. Atividades de treinamento de força por meio do uso de equipamentos como faixas elásticas e o peso do próprio corpo, assim como atividades cujo objetivo é sustentar o movimento por um determinado período, são desenvolvidas para manter ou aumentar a força muscular e a resistência cardiorrespiratória.

Foguetes de balões

Conceitos primários
Fortalecimento muscular e resistência cardiorrespiratória.

Conceitos secundários
Movimentação criativa; habilidades locomotoras; movimentação espacial.

Objetivo da atividade
Mover-se no espaço rapidamente e em direção a um local designado, antes que o balão toque o chão.

Equipamentos
Bomba de encher balões (pode ser interessante ter mais de uma); balões-foguete. (Adquira balões-foguete em lojas especializadas.)

Preparação
Encontre uma área aberta, livre de obstáculos.

Procedimentos
1. Reúna os alunos em um canto da área onde ocorrerá o jogo.
2. Encha um balão usando a bomba de encher; então, após um sinal, solte o balão enquanto os alunos se movem pela área de jogo até o outro lado (ou até uma área designada). Os alunos devem chegar a esse local antes que o balão toque o chão.
3. Incentive os alunos a se moverem de diversas formas até o outro lado da área de jogo antes que o balão toque o chão (p. ex., "Mantenha uma das mãos levantadas", "Imite o som de um bicho", "Conte de cinco em cinco", "Equilibre um saquinho de feijão na cabeça", "Galope", "Corra", "Salte", "Escorregue", "Imite o movimento de um bicho", "Rode sua cadeira de rodas", "Siga alguém", "Imite o movimento de alguém").

Variações para tornar a atividade mais fácil
- Peça aos alunos para seguirem o balão com os olhos ou com os dedos.
- Mova as cadeiras de rodas dos alunos pela área de jogo.
- Oriente os alunos a perseguirem os balões.

Variações para tornar a atividade mais complexa
- Peça aos alunos para adivinharem para onde o balão irá.
- Discuta os conceitos de níveis e instruções.
- Incentive os alunos a utilizarem movimentos locomotores mais complexos.
- Instrua os alunos a tentarem pegar o balão antes que ele toque o chão.

Atividades de fortalecimento muscular e resistência cardiorrespiratória 25

Os alunos permanecem parados; quando os balões forem soltos, eles tentarão pegá-los.

Questões informais para avaliação
- O aluno se moveu em direção à área designada?
- O aluno está fazendo o movimento especificado?

Esquivando-se das bolhas

Conceitos primários
Fortalecimento muscular e resistência cardiorrespiratória.

Conceitos secundários
Perseguir; fugir; esquivar-se; movimentação espacial; rastreamento visual.

Objetivo da atividade
Evitar que as bolhas de sabão toquem o corpo soprando-as para longe, acertando-as com algum instrumento ou esquivando-se delas.

Equipamentos
Bolhas de sabão, com preparado comprado ou feito em casa, ou máquina geradora de bolhas.

Preparação
Encontre uma área ampla, sem obstáculos.

Dica de segurança
Não realize esta atividade em chão de cerâmica, ladrilhos ou em piso laminado. O sabão tornará esse tipo de piso muito escorregadio.

Procedimentos
1. Posicione os alunos a aproximadamente 1,5 m de distância ou mais da pessoa que irá soprar as bolhas (ou da máquina de bolhas).
2. Peça para essa pessoa produzir uma série de bolhas (aproximadamente 10) enquanto os alunos tentam estourá-las, acertá-las com algum instrumento (uma raquete funciona bem), ou desviar-se das bolhas de sabão, movimentando o corpo ou a cadeira de rodas. Você pode dar aos alunos essas três alternativas ou especificar qual delas você deseja que eles utilizem, com base em seu nível funcional.
3. Uma vez que as bolhas de sabão desapareçam, repita o procedimento.

Variações para tornar a atividade mais fácil
- Peça aos alunos para estourarem uma bolha por vez.
- Oriente os alunos a seguir as bolhas somente com os olhos ou com a cabeça.
- Use apenas bolhas grandes.

Variações para tornar a atividade mais complexa
- Aumente a velocidade de produção das bolhas.
- Deixe que os alunos produzam as bolhas.
- Especifique a técnica de esquiva que você desejar que os alunos usem. Por exemplo, mover-se para a direita, mover-se para a esquerda ou agachar-se sob a bolha.

Questões informais para avaliação
- O aluno é capaz de evitar ser tocado pelas bolhas?
- Quantas bolhas o aluno conseguiu evitar?

Labirinto de laser

Conceitos primários
Fortalecimento muscular e resistência cardiorrespiratória.

Conceitos secundários
Controle de cabeça; rastreamento visual.

Objetivo da atividade
Seguir um desenho ou labirinto usando a cabeça para direcionar a luz do laser.

Equipamentos
Caneta laser; faixa de cabeça (para segurar a caneta laser na cabeça; pode-se também utilizar um suporte de lanterna de cabeça); fita adesiva colorida.

Preparação
Crie um desenho em uma parede em branco usando a fita adesiva (p. ex., linhas paralelas dispostas na horizontal e verticalmente na parede criando um labirinto, um desenho ou uma forma). Prenda a caneta laser na faixa de cabeça.

Procedimentos
1. Coloque a caneta laser na cabeça do aluno na posição "ligado".
2. Posicione o aluno de frente para a parede na qual você montou o desenho.
3. Oriente o aluno a controlar a cabeça para seguir os desenhos da esquerda para a direita, mantendo o ponto de luz do laser entre as linhas paralelas.

Variações para tornar a atividade mais fácil
- Crie um desenho bem simples na parede, usando formas grandes. Instrua o aluno a manter o ponto de luz do laser em uma figura usando o controle da cabeça.
- Ajude o aluno a movimentar a caneta laser.
- Faça linhas paralelas bem afastadas.

Variações para tornar a atividade mais complexa
- Crie desenhos mais complexos, como labirintos.
- Faça uma competição entre os alunos para ver quem consegue percorrer o desenho mais rápido, movendo o ponto de luz do laser da esquerda para a direita enquanto mantém o ponto entre as linhas.
- Deixe que os alunos criem o desenho na parede ou falem como eles gostariam que a figura fosse.

Atividades de fortalecimento muscular e resistência cardiorrespiratória 29

O aluno move a cabeça para deslocar o ponto de laser pelo zigue-zague elaborado na parede.

Questões informais para avaliação
- O aluno é capaz de mover o laser do ponto A para o ponto B?
- O aluno é capaz de manter o ponto de laser entre as linhas?

Minibeisebol

Conceitos primários
Fortalecimento muscular e resistência cardiorrespiratória.

Conceitos secundários
Coordenação olho-mão; acertar um alvo; movimentação espacial.

Objetivo da atividade
Acertar a bola usando um instrumento e correr para a base antes que outro jogador chegue a uma área determinada.

Equipamentos
Um caixote ou um cone grande (para usar de apoio para a bola); uma bola macia; bambolê; algum material para marcar um local no chão (para se usar como "base"); macarrão de piscina ou uma raquete (para usar como taco de beisebol).

Preparação
Encontre uma área de jogo ampla, livre de obstáculos. Em um canto, coloque o caixote ou o cone que servirá de suporte para a bola. Aproximadamente 6 m à frente e para a direita do suporte, coloque o marcador para indicar a primeira base (como em um campo de beisebol). No centro da área de jogo, coloque o bambolê no chão.

Procedimentos
1. Designe um batedor; o restante dos alunos serão os jogadores de campo.
2. Coloque o batedor de frente para o suporte.
3. Posicione a bola no topo do suporte.
4. Faça com que o batedor gire o macarrão de piscina ou a raquete para bater e lançar a bola para fora do suporte.
5. Quando a bola é arremessada para a frente, o batedor coloca o "bastão" no chão e se move em direção à base designada.
6. O trabalho dos jogadores de campo consiste em recuperar a bola e tentar chegar no interior do bambolê com a bola na mão antes de o batedor chegar até a base.
7. Alterne os alunos para que todos tenham a oportunidade de ser tanto batedor quanto jogador de campo.

Variações para tornar a atividade mais fácil
- Batedores podem empurrar a bola para fora de seus colos como se fosse uma batida na bola.
- Use uma bola maior (bola de praia ou um balão grande).
- Ajude os jogadores de campo colocando a bola no colo deles para que a levem até o bambolê.

Variações para tornar a atividade mais complexa
- Lance a bola para o batedor.
- Use múltiplas bases (primeira, segunda, terceira e principal).
- Use regras mais tradicionais do beisebol.

Questões informais para avaliação
- O batedor está batendo na bola para fora do suporte e correndo para a base de forma consistente?
- O jogador de campo está recuperando a bola e se movendo para o bambolê de forma consistente?

No meu quintal, não!

Conceitos primários
Fortalecimento muscular e resistência cardiorrespiratória.

Conceitos secundários
Coordenação olho-mão; arremesso (mira, força, precisão); acertar um alvo.

Objetivo da atividade
Arremessar objetos na área do time adversário, enquanto mantém os objetos fora da área designada de sua própria equipe.

Equipamentos
Novelos de lã ou pequenos objetos leves; fitas adesivas ou cones (áreas internas); giz (área externa).

Preparação
Use fita adesiva, cones ou giz para demarcar uma linha no centro de uma área de jogo grande. Coloque metade dos novelos de lã de um lado da linha e a outra metade do lado oposto.

Procedimentos
1. Posicione os alunos de modo que metade deles fique de um lado da linha e metade do lado oposto.
2. Ao seu sinal ("Vai!", música ou assobio), os alunos devem pegar os novelos e os arremessar do outro lado da linha para o "quintal" da equipe adversária. Os novelos são simultaneamente jogados de um lado para o outro sobre a linha.
3. Ao seu segundo sinal, os alunos têm de parar de lançar os novelos e os reunírem nas suas áreas designadas. Se aplicável, peça-lhes para contar os novelos a fim de verificar qual lado obteve mais.

Variações para tornar a atividade mais fácil
- Peça aos alunos mais hábeis que deem os novelos aos menos hábeis para que eles possam jogá-los.
- Permita que os alunos deixem os novelos cair ou empurrem-nos de seus colos sobre a linha.
- Ofereça aos alunos macarrões de piscina para que possam empurrar os novelos sobre a linha.
- Permita que os alunos passem objetos para os jogadores de sua equipe.

Variações para tornar a atividade mais complexa
- Coloque alvos nas áreas designadas para que os alunos os acertem com os novelos lançados.
- Peça aos alunos mais hábeis que entreguem os novelos aos alunos menos hábeis para que eles os joguem nos alvos.
- Oriente os alunos a contar os novelos de seu lado ao final.
- Incentive os alunos a tentar pegar os novelos jogados do lado oposto antes que atinjam o chão.

Questões informais para avaliação
- O aluno é capaz de recuperar os novelos de maneira independente ou com assistência?
- O aluno está lançando os novelos na direção correta?

Diversão com paraquedas

Conceitos primários
Fortalecimento muscular e resistência cardiorrespiratória.

Conceitos secundários
Conceitos preposicionais; trabalho em equipe.

Objetivo da atividade
Mover o paraquedas como um grupo seguindo pistas.

Equipamentos
Paraquedas (com pelo menos 3,6 m de diâmetro); novelos de lã, bolas ou objetos leves.

Preparação
Coloque o paraquedas no chão em uma área de jogo grande.

Procedimentos
1. Posicione os alunos sentados ou em pé (conforme for apropriado) ao redor do paraquedas para que o segurem com ambas as mãos (você pode prender o paraquedas a uma das cadeiras de rodas, se necessário).
2. Dê orientações específicas aos alunos, como a seguir:
   - façam pequenas ondas (sacudam o paraquedas leve e vagarosamente);
   - façam ondas grandes (sacudam o paraquedas brusca e rapidamente);
   - levantem o paraquedas, contem "1, 2, 3" e abaixem o paraquedas rapidamente;
   - coloque um novelo no paraquedas e faça com que os alunos repitam o procedimento e vejam o novelo voar.
3. Posicione os alunos em pé, sentados ou deitados por cima do paraquedas, um de cada vez. Pergunte ao aluno no paraquedas se ele gostaria que o grupo fizesse ondas grandes ou pequenas. Os alunos, então, sacodem o paraquedas de acordo com a resposta, enquanto o aluno se move livremente sobre o paraquedas. Repita com cada participante.
4. Posicione os alunos em pé, sentados ou deitados embaixo do paraquedas, um de cada vez, enquanto o grupo move o paraquedas. Faça as mesmas perguntas de quando os alunos estavam por cima do paraquedas.

Variações para tornar a atividade mais fácil
- Oriente os alunos a usarem alças para segurar melhor o paraquedas.
- Prenda uma faixa às alças de mão presas ao paraquedas para aumentar a superfície de preensão.
- Ajude os alunos a mover o paraquedas.

Variações para tornar a atividade mais complexa
- Jogue o jogo: O que está pulando na cozinha?
  - Metade dos alunos segura o paraquedas e a outra metade fica 30 cm atrás dos que estão segurando.
  - Coloque os novelos sobre o paraquedas.
  - Os alunos que estão segurando o paraquedas o movimentam, fazendo com que os novelos caiam.
  - Os alunos que não estão segurando o paraquedas pegam os novelos e os jogam de volta sobre o paraquedas.
  - Mude os alunos de posição.
- Use pistas de direção para os que estão segurando o paraquedas (p. ex., "1, 2, 3, para cima!", "1, 2, 3, para baixo!").

Questões informais para avaliação
- O aluno se mostra capaz de manter-se segurando o paraquedas?
- O aluno é capaz de seguir as orientações preposicionais para movimentar o paraquedas com o grupo?

Hóquei com bolinha de pingue-pongue

Conceitos primários
Fortalecimento muscular e resistência cardiorrespiratória.

Conceito secundário
Rastreamento visual.

Objetivo da atividade
Soprando, impulsionar uma bolinha de pingue-pongue até um determinado alvo.

Equipamentos
Bolinha de pingue-pongue; um canudo por aluno (se apropriado); papelão (p. ex., de caixas de sapato ou de caixas de presente); mesa ou superfície plana.

Preparação
Delimite as extremidades da superfície plana (mesa) com papelão (isso cria uma barreira para que a bolinha de pingue-pongue não caia pelas laterais). Mantenha as extremidades da mesa abertas. Estes são os alvos.

Procedimentos
1. Coloque a bolinha de pingue-pongue no meio da área de jogo.
2. Oriente os alunos a soprar a bolinha para a frente (usando canudos, se necessário) e tentar fazê-la cair pelo alvo (ou seja, pela extremidade oposta da mesa).

Variações para tornar a atividade mais fácil
- Permita que somente um aluno jogue de cada vez, tentando impulsionar a bolinha com um canudo sobre a mesa de forma que ela caia pelo alvo.
- Segure o canudo para o aluno.
- Não utilize o canudo e deixe que os alunos usem as mãos, um objeto ou uma bomba de encher bola que sopre ar.

Variações para tornar a atividade mais complexa
- Instrua dois alunos a jogarem um contra o outro, tentando levar a bola até o alvo do adversário.
- Coloque obstáculos de papelão ao longo da área de jogo.
- Conte a pontuação.

Questões informais para avaliação
- O aluno é capaz de impulsionar a bolinha de pingue-pongue para a frente usando algum método de soprar?
- O aluno é capaz de continuar soprando até levar a bolinha ao alvo apropriado?

Percurso com obstáculos numéricos

Conceitos primários
Fortalecimento muscular e resistência cardiorrespiratória.

Conceito secundário
Movimentação espacial.

Objetivo da atividade
Movimentar-se para encontrar os marcos na sequência numérica apropriada (1, 2, 3, 4...) o mais rápido possível.

Equipamentos
Cartões com números (de 1 a 10 ou mais) para servir de marcos; cronômetro (opcional).

Preparação
Espalhe os marcos (cartões com números) aleatoriamente na área de jogo.

Procedimentos
1. Oriente os alunos a circular pela área de jogo para encontrar os marcos na sequência (1, 2, 3, 4...).
2. Ao encontrar os números corretos, os alunos viram o cartão para baixo de forma que os números não fiquem mais visíveis e, então, seguem adiante para encontrar o próximo número na sequência.
3. Peça aos alunos para encontrarem os 10 cartões numerados (ou mais) na sequência o mais rápido possível.

Variações para tornar a atividade mais fácil
- Não apresse os alunos.
- Use menos cartões numerados.
- Ajude os alunos a localizar os números apropriados por meio de pistas verbais ou visuais.

Variações para tornar a atividade mais complexa
- Use mais números, ou use múltiplos (p. ex., 5, 10, 15...).
- Peça aos alunos para fazerem um exercício quando chegarem a certos números; por exemplo, quando chegarem ao número 5, deverão fazer cinco polichinelos antes de partir para o número 6.
- Peça aos alunos para realizarem uma tarefa motora específica (p. ex., virar cambalhota, galopar, saltar) pela área de jogo enquanto procuram os marcos numerados.

Questões informais para avaliação
- O aluno é capaz de mover-se pela sequência de marcos numéricos de forma segura?
- O aluno é capaz de realizar a sequência de números corretamente?

Superfutebol

Conceitos primários
Força muscular e resistência cardiorrespiratória.

Conceitos secundários
Coordenação olho-pé; movimentação espacial.

Objetivo da atividade
Posicionado na cadeira de rodas, impulsionar uma bola grande para ginástica até um alvo determinado.

Equipamentos
Bola grande para ginástica; cones ou um par de redes para serem os gols do futebol e cones ou linhas para demarcar os limites.

Preparação
Em uma área de 46 m de extensão (ou menor), livre de obstáculos, coloque um gol em cada extremidade. Certifique-se de que a bola para ginástica tem tamanho adequado e que permita que o aluno a impulsione pelo chão usando a parte da frente da cadeira de rodas. Se a cadeira do aluno for muito alta para encostar na bola, coloque um pedaço de papelão em sua frente.

Dica de segurança
Garanta um ambiente de aprendizado seguro monitorando bem esta atividade. Os alunos devem entender como participar com segurança.

Procedimentos
1. Divida os alunos em duas equipes.
2. Explique-lhes em qual alvo eles devem tentar marcar o gol.
3. Comece com a bola no meio da área de jogo e determine qual equipe começa com a bola (ou seja, o chute inicial).
4. Cada equipe tenta impulsionar a bola até o gol adversário usando somente as cadeiras de rodas. Uma vez que uma equipe marque um gol, repita o chute inicial.

Nesta atividade, a área da parede funciona como o gol.

Variações para tornar a atividade mais fácil
- Crie a regra de que todos os alunos da equipe devem tocar a bola antes de lançá-la ao gol designado.
- Reduza a área de jogo.
- Use várias bolas.

Variações para tornar a atividade mais complexa
- Faça com que os alunos joguem em posições determinadas como no futebol tradicional (atacante, meio de campo, zagueiro e goleiro).
- Amplie a área de jogo.

Questões informais para avaliação
- O aluno é capaz de mover a bola em direção ao gol?
- O aluno é capaz de impulsionar a bola apropriadamente usando a cadeira de rodas?

Atividades de resistência com faixas elásticas

Conceitos primários
Fortalecimento muscular e resistência cardiorrespiratória.

Conceito secundário
Flexibilidade.

Objetivo da atividade
Melhorar a força muscular e a resistência cardiorrespiratória manipulando uma faixa elástica.

Equipamento
Faixas elásticas.

Preparação
Não requer preparação.

> **Dica de segurança**
> Antes de selecionar a faixa elástica, verifique se algum de seus alunos possui alergia ao látex. Existem faixas elásticas sem látex disponíveis no mercado.

Procedimentos
1. Oriente cada aluno a iniciar com uma ou duas faixas elásticas.
2. Peça aos alunos para realizarem aproximadamente 10 repetições de cada exercício. As atividades apresentadas a seguir são realizadas com faixa elástica.
   - Rosca direta para bíceps:
     - o aluno pisa em uma ponta da faixa enquanto segura a outra ponta. O aluno puxa a faixa para cima para realizar a rosca direta para bíceps;
     - caso use cadeira de rodas, o aluno deve colocar uma roda sobre uma das pontas da faixa ou prender uma das pontas da faixa na parte de baixo da cadeira.
   - Rosca para bíceps com os dois braços:
     - o aluno fica em pé com ambos os pés no centro da faixa elástica. Cada mão segura uma ponta da faixa. O aluno levanta ambas as mãos até o nível da cintura enquanto segura a faixa e as abaixa repetindo a sequência;
     - caso use cadeira de rodas, o aluno deve colocar ambas as rodas sobre a faixa ou prender duas faixas na parte de baixo da cadeira, uma de cada lado.
   - Crucifixo:
     - o aluno segura uma ponta da faixa em cada mão com a faixa posicionada na frente de seu corpo. O aluno puxa a faixa para fora e para dentro enquanto os braços permanecem esticados. O aluno repete, então, o movimento com a faixa acima da cabeça.

Da esquerda para a direita, os alunos estão fazendo rosca direta para bíceps, crucifixo sobre a cabeça e remada.

- Remadas:
  - envolva a faixa firmemente em volta de um pilar ou viga no nível dos olhos do aluno. O aluno segura a faixa em cada ponta e a puxa repetidamente em um movimento do tipo remada.

Variações para tornar a atividade mais fácil
- Veja as ideias para cadeira de rodas descritas anteriormente.
- Prenda a faixa ao punho ou mão do aluno, de modo que ele não tenha de segurá-la.
- Quando o exercício exigir o uso de ambas as mãos, deixe que o aluno segure uma das pontas da faixa enquanto um adulto segura a outra ponta.
- Use faixas com menor resistência elástica.

Variações para tornar a atividade mais complexa
- Use faixas com maior resistência elástica.
- Aumente o número de repetições.
- Faça com que os alunos tenham um registro ao longo do tempo de quantas repetições eles conseguem fazer de cada exercício e o quanto evoluíram.
- Adicione outros exercícios com faixas elásticas.

Questões informais para avaliação
- O aluno é capaz de segurar a faixa elástica de forma apropriada?
- O aluno é capaz de manipular a faixa elástica repetidamente durante os exercícios especificados?

Capítulo 3

Atividades que envolvem coordenação olhos-mãos e olhos-pés

As 18 atividades descritas neste capítulo envolvem a coordenação entre os olhos e as mãos, assim como entre os olhos e os pés. Essas atividades visam acompanhar um objeto com os olhos a fim de colocá-lo em contato de forma apropriada com a mão ou o pé. Habilidades que demonstram coordenação entre os olhos e as mãos e entre os olhos e os pés incluem atingir um objeto utilizando-se de um instrumento (p. ex., raquete, bastão de hóquei), chutando uma bola e jogando-a na direção de um alvo. Ao executar tais atividades na direção de um alvo, os alunos precisam mostrar que têm mira, força e precisão apropriados. Alunos que não são aptos a utilizar as mãos em determinada atividade podem usar os pés. Por exemplo, uma criança com paralisia cerebral pode ter mais facilidade em mover seu pé em vez de sua mão para impulsionar um objeto. Por essa razão, muitas atividades deste capítulo podem ser adaptadas para o uso da mão ou do pé, dependendo das necessidades do aluno e da meta a ser alcançada em cada tarefa.

Derrubar pinos

Conceito primário
Coordenação olho-mão.

Conceitos secundários
Mira, força e precisão.

Objetivo da atividade
Empurrar um saquinho de feijão sobre a superfície de uma mesa com o objetivo de derrubar os "pinos".

Equipamentos
Saquinhos de feijão; garrafas de água (com cerca de 60 g de areia no fundo para dar peso); mesa ou superfície plana.

Preparação
Em uma das extremidades da mesa, coloque os "pinos" (garrafas de água) na posição vertical. O aluno deve se sentar ou ficar em pé do outro lado da mesa, de frente para onde os pinos foram dispostos.

Procedimentos
1. Coloque um saquinho de feijão de cada vez na frente do aluno.
2. Peça ao aluno para empurrar o saquinho sobre a mesa para tentar derrubar os pinos.

Variações para tornar a atividade mais fácil
- Ajude o aluno a empurrar o saquinho de feijão sobre a mesa.
- Incentive o aluno a utilizar um instrumento para empurrar o saquinho sobre a mesa.
- Dê ao aluno uma bola ou um objeto maior que role sobre a mesa para aumentar a chance de sucesso.
- Use mais pinos.

Variações para tornar a atividade mais complexa
- Utilize menos pinos e os espalhe sobre a mesa para que o aluno demonstre mais precisão ao tentar acertar o alvo.
- Peça ao aluno para contar os pinos que caíram e os que permaneceram em pé.
- Oriente o aluno a arrumar os pinos para o próximo jogador.
- Atribua pontos aos pinos e peça para o aluno somar à medida que os derruba.

Questões informais para avaliação
- O aluno está soltando os saquinhos de forma adequada para atingir os pinos?
- O aluno demonstra mira e força adequada; e a forma como arremessa ou empurra é precisa?

Ataque com bola

Conceito primário
Coordenação olho-mão.

Conceitos secundários
Atingir um alvo; resistência cardiorrespiratória.

Objetivo da atividade
Trabalhar em equipe com o objetivo de impulsionar uma bola grande para um local determinado, empurrando-a com um macarrão de piscina.

Equipamentos
Bola grande para ginástica; macarrões de piscina cortados na metade; fita adesiva visível.

Preparação
Em uma área ampla, com o auxílio de fita ou giz, determine um trajeto (reto, zigue--zague ou em curva) no chão.

Procedimentos
1. Peça aos alunos para ficarem alinhados um de frente para o outro ao longo do caminho.
2. Indique onde são os pontos de partida e chegada do trajeto.
3. Posicione a bola no ponto de partida.
4. Dê a cada aluno uma metade do macarrão de piscina. Isso será utilizado por eles para impulsionar a bola ao longo do trajeto até o ponto de chegada.
5. Ao seu sinal, os alunos devem trabalhar em equipe para impulsionar a bola entre as linhas no chão atingindo-a com os macarrões. Os alunos devem permanecer parados ao longo do caminho e devem atingir a bola à medida que ela passar por eles.

Variações para tornar a atividade mais fácil
- Use a técnica da mão sobre a mão.
- Caso o aluno não consiga segurar o macarrão adequadamente, utilize uma tira de velcro para fixá-lo firmemente ao braço dele.
- Substitua a bola para ginástica por uma bola de praia, balão ou bola plástica extra-grande.
- Incentive os alunos a trabalharem em equipe a fim de impulsionar uma bola de praia para fora de uma mesa.

Variações para tornar a atividade mais complexa
- Desenhe um quadrado grande no chão com a fita adesiva visível. Coloque a bola para ginástica dentro do quadrado. Peça aos alunos para trabalhar em equipe jogando novelos na bola com o objetivo de tirá-la do quadrado.
- Oriente os alunos a usarem apenas novelos (não utilizar macarrões).
- Coloque a bola para ginástica em cima de uma caixa ou de uma superfície elevada. Os alunos devem trabalhar em equipe jogando novelos contra a bola para tentar derrubá-la para fora da caixa ou da superfície.

Questões informais para avaliação
- O aluno está segurando o macarrão de piscina de forma adequada para atingir o alvo?
- O aluno está em contato com a bola para ginástica quando a empurra?

Atingindo o balão

Conceito primário
Coordenação olho-mão.

Conceitos secundários
Atingir um alvo; acompanhamento visual.

Objetivo da atividade
Atingir um balão suspenso com o auxílio de uma parte específica do corpo ou de um instrumento.

Equipamentos
Balão grande (*punching balls* funcionam bem); barbante; deve-se fazer a atividade em um local em que o teto seja baixo, ou que possua uma porta ou viga para que o balão seja pendurado.

Preparação
Encha o balão e amarre o barbante em sua ponta (o barbante e o balão devem estar pendurados no comprimento adequado, aproximadamente no nível dos olhos do aluno). Fixe o barbante no teto, porta ou viga de forma que fique pendurado no nível dos olhos. Prepare vários balões para os participantes.

Procedimentos
1. Posicione o aluno, em pé ou sentado, de forma que ele fique com o balão na altura de seu rosto.
2. Peça ao aluno para tocar no balão com as mãos, fazendo com que ele se mova para longe de seu corpo.
3. Forneça dicas para que o aluno bata no balão para os lados direito e esquerdo e para a frente e para trás.

Variações para tornar a atividade mais fácil
- Oriente os alunos a usarem suas cabeças para tocar no balão.
- Posicione o balão em um nível mais baixo, a fim de que o aluno possa ser mais bem--sucedido na execução da atividade.
- Movimente o balão da esquerda para a direita, e para a frente e para trás, enquanto o aluno o acompanha com os olhos, cabeça ou mão.

Atividades que envolvem coordenação olhos-mãos e olhos-pés 51

Os balões foram pendurados em diferentes alturas a fim de estimular os alunos com habilidades variadas.

Variações para tornar a atividade mais complexa
- Posicione o balão em um nível mais alto, a fim de que o aluno se estenda para alcançá-lo.
- Permita que o aluno utilize um instrumento para atingir o balão, como o macarrão de piscina ou uma raquete.

Questões informais para avaliação
- O aluno é capaz de, pelo menos uma vez, acertar o balão com a mão aberta ou utilizando a cabeça?
- O aluno é capaz de tocar no balão de forma sequencial, demonstrando ritmo apropriado?

Golfe com bola de praia

Conceito primário
Coordenação olho-mão.

Conceitos secundários
Atingir um alvo; mira, força e precisão.

Objetivo da atividade
Demonstrar o movimento do golfe ao atingir uma bola de praia com um macarrão de piscina, e fazer com que a bola atinja um determinado alvo.

Equipamentos
Macarrões de piscina ou raquetes; bolas de praia; bambolês.

Preparação
Organize um campo de golfe distribuindo aleatoriamente os bambolês na área destinada à atividade. Numere os bambolês de 1 a 10 (você pode usar uma quantidade maior ou menor de bambolês, dependendo do nível de habilidade do aluno). Os bambolês representam os buracos do jogo de golfe. A uma distância de aproximadamente 7,6 m de cada bambolê, faça uma linha ou coloque um cone. Este será o ponto de partida para aquele determinado buraco.

Procedimentos
1. Posicione o aluno no ponto de partida para um determinado buraco. (Caso haja vários alunos, posicione-os de forma a iniciarem a atividade em buracos diferentes.)
2. Os alunos deverão impulsionar a bola de praia para a frente com auxílio do macarrão de piscina ou da raquete, com o intuito de fazer a bola atingir o determinado bambolê, ou "buraco", com a menor quantidade de batidas possível.
3. Ao conseguir colocar a bola dentro do bambolê, o aluno deverá se deslocar para o próximo buraco e repetir a tarefa.
4. Conte quantas batidas são necessárias para que o aluno atinja o bambolê.

Variações para tornar a atividade mais fácil
- Não conte quantas batidas são necessárias para que o aluno atinja o bambolê.
- Estabeleça um ponto de partida mais próximo do bambolê.
- Use menos buracos (bambolês).

Atividades que envolvem coordenação olhos-mãos e olhos-pés 53

Variações para tornar a atividade mais complexa
- Peça aos alunos para anotarem ou memorizarem quantas batidas são necessárias para atingir o bambolê a cada jogada. Em seguida, peça para que eles somem o número total de batidas.
- Disponha mais buracos (bambolês).
- Estabeleça o ponto de partida mais distante do alvo.
- Diminua o tamanho dos buracos ou deixe-os mais difíceis de serem atingidos.
- Use uma bola menor.

Questões informais para avaliação
- O aluno está batendo na direção do bambolê?
- O aluno é capaz de dizer quantas batidas foram necessárias para que ele atingisse o buraco?

Saquinho de feijão no tabuleiro

Conceito primário
Coordenação olho-mão.

Conceitos secundários
Mira, força e precisão.

Objetivo da atividade
Empurrar o saquinho de feijão para a frente usando as mãos, e tentar fazer com que ele caia dentro de um triângulo desenhado.

Equipamentos
Saquinhos de feijão; mesa; fita adesiva visível.

Preparação
Em um lado da mesa, use a fita adesiva para criar um triângulo grande. Divida o triângulo em três ou mais seções. Estabeleça pontos para cada seção (p. ex., o topo do triângulo vale 30 pontos, o meio vale 20 e a base vale 10).

Procedimentos
1. Posicione o aluno do lado oposto da mesa onde está desenhado o triângulo.
2. Oriente o aluno a empurrar o saquinho de feijão na direção do triângulo, com o objetivo de fazer com que ele pare sobre a seção para atingir os pontos especificados.

Variações para tornar a atividade mais fácil
- Posicione o aluno mais próximo ao triângulo.
- Incentive o aluno a utilizar um instrumento para mover o saquinho de feijão para a frente.
- Utilize uma bola pequena que role facilmente sobre a mesa e permita que o aluno faça pontos quando ela passar sobre a seção do triângulo, e não apenas se parar sobre esta.
- Faça o triângulo e suas seções em tamanho maior.

Variações para tornar a atividade mais complexa
- Faça o triângulo e as seções em tamanho menor.
- Faça vários triângulos de forma que os alunos tenham de posicionar seus corpos apropriadamente para mover o saquinho de feijão em direção ao triângulo escolhido.
- Posicione o aluno mais longe do triângulo.
- Peça aos alunos para somarem os pontos que fizeram.

Atividades que envolvem coordenação olhos-mãos e olhos-pés 55

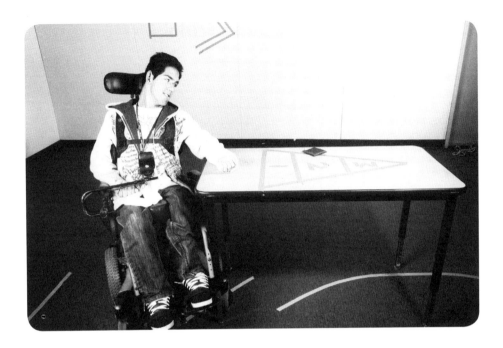

Questões informais para avaliação
- O aluno está usando força e mira adequados e colocando o saquinho de feijão de forma precisa no triângulo designado?
- O aluno está empurrando o saquinho de forma adequada em direção ao triângulo?

Boliche em círculo

Conceito primário
Coordenação olho-mão.

Conceitos secundários
Fazer rolar; mira, força e precisão.

Objetivo da atividade
Rolar uma bola na direção de pinos de boliche a fim de derrubá-los.

Equipamentos
Pinos de boliche ou garrafas plásticas vazias (p. ex., garrafa de refrigerante de 2 L) (aproximadamente 10 unidades); bola grande.

Preparação
Posicione os alunos em um círculo, sentados em cadeiras ou no chão. Agrupe os pinos no centro do círculo.

Procedimentos
1. Peça para um aluno iniciar a atividade, rolando a bola para a frente com o objetivo de derrubar os pinos.
2. Oriente o próximo aluno a tentar derrubar os pinos remanescentes e repetir esse procedimento até que todos os pinos tenham caído.
3. Incentive os alunos mais hábeis a se dirigirem ao centro do círculo a fim de arrumar os pinos para jogar novamente.

Variações para tornar a atividade mais fácil
- Utilize uma bola maior.
- Peça aos alunos para rolarem a bola para fora de seu colo ou para baixo.
- Oriente os alunos a ficarem mais próximos aos pinos.

Variações para tornar a atividade mais complexa
- Peça aos alunos para se levantarem para rolar a bola.
- Concentre-se na forma como o aluno se posiciona: ele deve parar com o pé oposto à frente, flexionar os joelhos e manter os olhos focados no alvo.
- Utilize várias bolas.
- Separe o grupo e faça jogos de boliche individuais.

Questões informais para avaliação
- O aluno é capaz de lançar a bola na direção dos pinos?
- O aluno é capaz de rolar a bola a uma distância adequada?

Futebol em círculo

Conceito primário
Coordenação olho-mão.

Conceitos secundários
Chute; mira, força e precisão.

Objetivo da atividade
Atingir a bola utilizando apenas os pés.

Equipamentos
Bola grande; uma cadeira por aluno.

Preparação
Organize as cadeiras em círculo, de forma que fiquem voltadas para o centro.

Procedimentos
1. Peça aos alunos para se sentarem nas cadeiras formando um círculo.
2. Fique de pé no meio do círculo. Role a bola para cada aluno individualmente e peça para que ele a chute de volta para você. Repita esse procedimento até que todos os alunos o tenham compreendido.
3. Agora, fique fora do círculo e peça aos alunos para tentarem chutar a bola aleatoriamente, mantendo-a em movimento sem utilizar-se das mãos.

Variações para tornar a atividade mais fácil
- Oriente os alunos a utilizarem as mãos para controlar a bola antes de chutá-la.
- Deixe os alunos chutarem a bola com ambos os pés.
- Permita que os alunos chutem a bola utilizando suas cadeiras de rodas (com um rápido impulso para a frente).
- Posicione os pinos de boliche no meio do círculo e peça aos alunos para chutarem a bola na direção dos pinos.

Variações para tornar a atividade mais complexa
- Oriente os alunos a chutarem a bola enquanto permanecem em posição de caranguejo (umbigo apontado para cima, pés e mãos no chão).
- Peça aos alunos para dizerem o nome de alguém que está no jogo e tentarem chutar a bola para essa pessoa.
- Desafie os alunos: "Quantas vezes seguidas você consegue chutar a bola?"
- Use uma bola menor, do tamanho de uma bola de futebol.
- Use várias bolas.

Questões informais para avaliação
- O aluno é capaz de entrar em contato com a bola usando os pés?
- O aluno está utilizando apenas os pés durante a atividade?

Passando a bolinha de gude

Conceito primário
Coordenação olho-mão.

Conceito secundário
Trabalho em equipe.

Objetivo da atividade
Cada aluno deve ter um tubo de papelão cortado ao meio, com o objetivo de passar uma bolinha de gude de um aluno para outro o mais rápido possível e sem deixar a bolinha cair no chão.

Equipamentos
Tubo de papelão cortado ao meio em sentido longitudinal (uma metade para cada aluno); bolinhas de gude ou pequenas bolas que rolem facilmente.

Preparação
Faça a atividade em uma área grande e livre de obstáculos.

Procedimentos
1. Oriente os alunos a se alinharem lado a lado, mantendo mais ou menos o mesmo nível de altura (caso alguns utilizem cadeira de rodas, instrua todos a permanecerem sentados, do contrário, todos podem ficar em pé).
2. Dê a cada aluno uma metade do tubo de papelão e peça-lhes que a segure com as duas mãos em frente ao corpo, a fim de que todos os tubos fiquem alinhados.
3. Coloque a bolinha de gude no tubo de papelão do aluno posicionado no início da fila. Todos deverão manusear seus tubos de forma que a bolinha role de um tubo para o outro até que chegue ao último aluno da fila.
4. Se a bolinha cair, os alunos devem reiniciar a atividade desde o início.

Variações para tornar a atividade mais fácil
- Ajude o aluno usando a técnica da mão sobre a mão.
- Disponha o tubo sobre o colo do aluno ou em uma mesa visando a um apoio adicional.

Variações para tornar a atividade mais complexa
- Cronometre a atividade.
- Para aumentar a distância, uma vez que os alunos passaram a bolinha de gude, peça para que corram até o final da fila a fim de passá-la novamente.
- Realize a atividade com apenas dois alunos passando a bolinha um para o outro; uma vez tendo passado a bolinha, o aluno deve correr para o outro lado para pegá-la novamente. Especifique a distância a ser percorrida.

Questões informais para avaliação
- O aluno é capaz de segurar o tubo de papelão de forma adequada?
- O aluno é capaz de passar a bolinha para o tubo do outro aluno?

Golfe de lançadeira

Conceito primário
Coordenação olho-mão.

Conceitos secundários
Arremesso; mira, força e precisão.

Objetivo da atividade
Demonstrar um lançamento de baixo para cima balançando a lançadeira para a frente e fazendo com que atinja um alvo determinado.

Equipamentos
Lançadeira; baldes ou alvos; cones.
- Você pode fazer suas lançadeiras em casa utilizando bolas de tênis, um lençol velho e fita adesiva.
  - Corte o lençol em tiras de aproximadamente 90 cm de comprimento e 7,5 cm de largura.
  - Fixe à bola de tênis um dos lados da tira com fita adesiva; então enrole fita adesiva até cobrir a bola de tênis por completo, deixando a maior parte do lençol à mostra.

Preparação
Prepare a área destinada à atividade como se fosse um campo de golfe, utilizando baldes ou alvos como buracos. Numere os alvos de 1 a 10 (você pode usar uma quantidade maior ou menor de alvos, dependendo do nível dos alunos). A uma distância de aproximadamente 7,5 m de cada balde ou alvo, trace uma linha ou coloque um cone. Este será o ponto de partida para aquele determinado buraco.

Procedimentos
1. Peça ao aluno para iniciar a atividade no ponto de partida para um determinado buraco (caso haja vários alunos, cada um pode começar em diferentes buracos).
2. O objetivo é fazer com que os alunos demonstrem um lançamento de baixo para cima balançando a lançadeira para a frente, tentando atingir o buraco.
3. Conte quantos lançamentos são necessários para que o aluno consiga atingir o buraco balançando a lançadeira para a frente.
4. Quando o aluno conseguir fazer a lançadeira entrar no buraco, peça a ele para se dirigir ao próximo alvo e repetir a tarefa.

Variações para tornar a atividade mais fácil
- Não conte quantos arremessos são necessários para que o aluno consiga atingir o buraco.
- Estabeleça um ponto de partida mais próximo do buraco.
- Utilize menos buracos.
- Oriente o aluno a impulsionar a lançadeira como um pêndulo, para a frente e para trás, em vez de impulsioná-la em um movimento circular.

Variações para tornar a atividade mais complexa
- Peça aos alunos para contarem quantos lançamentos eles fazem para acertar o alvo em cada buraco. Então, peça-lhes para contarem o número total de arremessos.
- Utilize mais buracos.
- Estabeleça o ponto de partida mais distante do alvo.
- Diminua o tamanho dos buracos ou deixe-os mais difíceis de serem atingidos.

Questões informais para avaliação
- O aluno está balançando a lançadeira de forma apropriada?
- O aluno está balançando a lançadeira em direção ao buraco?

Acerte a lata

Conceito primário
Coordenação olho-mão.

Conceitos secundários
Arremesso; fazer rolar; mira, força e precisão.

Objetivo da atividade
Arremessar ou rolar uma bola em um alvo designado a partir de diferentes distâncias.

Equipamentos
Saquinhos de feijão ou bolas pequenas; 10 ou 20 latas vazias ou garrafas plásticas de diversos tamanhos.

Preparação
Em uma ampla área de atividade, posicione as latas ou garrafas em uma linha horizontal começando a 1,5 m de distância e aumentando para 3 m. Marque valores de pontuação nas latas ou garrafas, designando pontuações mais altas nos objetos menores.

Procedimentos
1. Posicione os alunos de modo que eles fiquem de frente para as latas ou garrafas.
2. Dê aos alunos um saquinho de feijão para jogar ou rolar até as latas ou garrafas.
3. O saquinho de feijão deve tocar na lata ou garrafa para o aluno pontuar (o objeto não precisa cair).

Variações para tornar a atividade mais fácil
- Use alvos maiores e saquinhos ou bolas maiores.
- Use mais alvos para um maior índice de acertos.
- Posicione as latas ou garrafas a uma distância menor.

Variações para tornar a atividade mais complexa
- Peça aos alunos para somarem os pontos.
- Use menos latas ou garrafas, de forma que elas se tornem mais difíceis de serem acertadas.
- Estimule os alunos a arremessarem de uma distância maior.

Questões informais para avaliação
- O aluno é capaz de soltar o saquinho, arremessando-o ou rolando-o em direção às latas?
- O aluno está usando mira e força apropriados e demonstrando precisão?

Atividades que envolvem coordenação olhos-mãos e olhos-pés 65

Latas de alumínio podem ser utilizadas como alvos — alguns alunos adoram o som das latas caindo.

Jogue a bola para fora

Conceito primário
Coordenação olho-mão.

Conceitos secundários
Fazer rolar; mira, força e precisão.

Objetivo da atividade
Rolar uma pequena bola contra um alvo (bola maior) a fim de jogá-lo para fora de uma área designada.

Equipamentos
Bolas de praia; fita adesiva para demarcar um círculo no chão; bolas pequenas que rolem bem; rampa de boliche (se aplicável).

Preparação
Faça um círculo no chão de aproximadamente 9 m de diâmetro. Coloque a bola no centro do círculo. Peça aos alunos para se sentarem ou ficarem em pé ao redor e do lado de fora do círculo.

Procedimentos
1. Peça aos alunos para rolarem a bola pequena em direção à bola de praia no centro do círculo, todos ao mesmo tempo.
2. Oriente os alunos a se revezarem para rolar a bola pequena em direção à bola de praia até que esta seja jogada para fora do círculo demarcado.
3. Posicione mais bolas de praia no centro do círculo e incentive os alunos a tentarem jogá-las todas para fora do círculo.

Variações para tornar a atividade mais fácil
- Use uma rampa de boliche para ajudar os alunos a rolarem as bolas.
- Use a técnica de mão sobre a mão.
- Oriente os alunos a empurrarem a bola de seus colos.
- Peça aos alunos para falarem como eles querem ser posicionados para tentar acertar a bola de praia.

Variações para tornar a atividade mais complexa
- Instrua os alunos a se concentrarem ao utilizar o método de boliche para jogar a bola (soltar a bola próxima ao solo).
- Encoraje-os a utilizar estratégias para jogar a bola de praia para fora do círculo (alinhar-se, dobrar os joelhos etc.).
- Estimule os alunos mais hábeis a auxiliarem os colegas.

Atividades que envolvem coordenação olhos-mãos e olhos-pés 67

Nesta fotografia os alunos estão jogando uma variação mais complexa da atividade. Permitir que os alunos arremessem a bola pequena em vez de rolá-la, todos ao mesmo tempo, produz mais ação enquanto eles alcançam o mesmo objetivo de quando usam uma bola pequena para acertar uma bola grande e jogá-la para fora da área determinada.

Questões informais para avaliação
- O aluno é capaz de acertar a bola maior com a bola menor?
- O aluno é capaz de soltar a bola menor rolando-a?

Bocha modificada

Conceito primário
Coordenação olho-mão.

Conceitos secundários
Agarrar e soltar; mira, força e precisão.

Objetivo da atividade
Lançar uma bola através de um tubo em direção a um alvo designado e fazer a bola parar o mais próximo possível do alvo.

Equipamentos
Bola pequena ou bolinha de gude; bola de tamanho médio ou de outra cor ou bolinha de gude (para servir como alvo); tubo oco (de papelão).

Preparação
Encontre uma área plana grande, livre de obstáculos. Posicione a bolinha de gude ou a bola de tamanho médio (alvo) no centro da área de jogo.

Procedimentos
1. Oriente o aluno a se sentar em uma cadeira em um canto da área de jogo.
2. Segure o tubo de papelão diretamente em frente ao aluno no nível dos olhos, inclinado, com uma das pontas levemente em direção ao solo.
3. Peça ao aluno para dizer como ele quer que o tubo seja posicionado, de modo a ficar alinhado com o alvo (a bola no centro da área de jogo).
4. Uma vez que o tubo for posicionado conforme a vontade do aluno, peça para ele colocar a bolinha de gude no tubo, fazendo-a rolar em direção ao alvo.
5. O objetivo é que a bolinha de gude chegue o mais perto possível do alvo.

Variações para tornar a atividade mais fácil
- Se o aluno não for capaz de se expressar verbalmente, você pode fazer perguntas do tipo "sim" ou "não", de forma que ele possa responder com a movimentação de cabeça enquanto se ajusta à posição do tubo.
- Use a técnica de mão sobre a mão para auxiliar o aluno a soltar a bolinha de gude ao longo do tubo.
- Pergunte ao aluno se a bolinha está perto ou longe do alvo.

Variações para tornar a atividade mais complexa
- Permita que o aluno faça diversas tentativas de rolar a bolinha de gude ao longo do tubo.
- Discuta o posicionamento do tubo baseado em tentativa e erro.
- Peça ao aluno para medir a distância entre a bolinha lançada e o alvo.

Atividades que envolvem coordenação olhos-mãos e olhos-pés 69

Para este aluno, o tubo está mais abaixo do nível dos olhos para se acomodar ao seu movimento de braço.

Questões informais para avaliação
- O aluno é capaz de posicionar o tubo em direção ao alvo?
- O aluno é capaz de reconhecer a distância entre o alvo e a bolinha?

Torneio das cadeiras

Conceito primário
Coordenação olho-mão.

Conceitos secundários
Atingir um alvo; movimentação espacial.

Objetivo da atividade
Jogar a bola para fora do cone o mais rápido possível com o auxílio de um macarrão de piscina.

Equipamentos
Macarrões de piscina longos, cones (pelo menos dois), bolas de tamanho médio (pelo menos duas).

Preparação
Em uma área grande, livre de obstáculos, posicione dois cones distantes aproximadamente 1,5 m um do outro. Posicione uma bola no topo de cada cone.

Procedimentos
1. Pelo menos dois alunos devem participar dessa atividade.
2. Coloque um aluno em cada ponta da área destinada à atividade e disponha os cones no centro (cada um com uma bola em seu topo). Oriente os alunos a ficarem voltados um para o outro.
3. Estabeleça uma bola para cada aluno se focar.
4. Dê um macarrão de piscina para cada aluno.
5. Ao seu sinal, peça aos alunos para se moverem para a frente ao mesmo tempo em suas cadeiras de rodas motorizadas. O objetivo é jogar a bola fora do cone designado, utilizando o macarrão de piscina o mais rápido possível (antes que o outro aluno o faça).

Variações para tornar a atividade mais fácil
- Caso o aluno não seja capaz de usar as mãos, amarre o macarrão de piscina ao lado da cadeira de rodas, de forma que a maior parte dele fique na frente da cadeira.
- Peça a um assistente ou adulto para empurrar a cadeira.

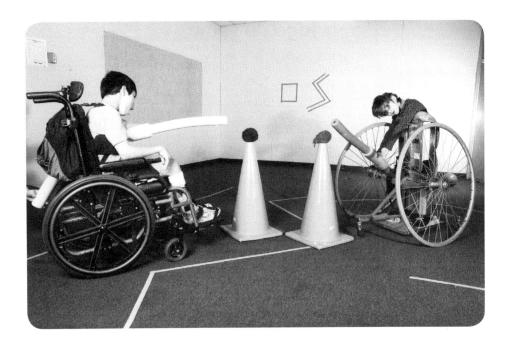

Variações para tornar a atividade mais complexa
- Siga o procedimento passo a passo, porém prepare vários cones, cada um com uma bola em seu topo, para os alunos derrubarem o mais rápido possível. Designe um juiz para segurar uma bandeira colorida a fim de nomear o vencedor.
- Agrupe vários alunos para participar da atividade. Prepare os cones (cada um com uma bola) na área destinada ao jogo. Escolha para cada aluno uma cor específica de bola que deverá ser derrubada.

Questões informais para avaliação
- O aluno é capaz de manusear o macarrão de piscina para jogar a bola para fora do cone?
- O aluno é capaz de se movimentar pela área destinada ao jogo com segurança?

Jogo da velha

Conceito primário
Coordenação olho-mão.

Conceitos secundários
Arremesso; mira, força e precisão.

Objetivo da atividade
Jogar saquinhos de feijão dentro de bambolês com o objetivo de criar uma sequência, alinhando três saquinhos, como em um jogo da velha.

Equipamentos
Saquinhos de feijão (aproximadamente 9 unidades); 9 bambolês.

Preparação
Organize os bambolês formando um quadrado (este será o tabuleiro de jogo da velha). Primeiro, disponha uma fileira horizontal com três bambolês, seguida por uma segunda fileira logo abaixo da primeira e de uma terceira logo abaixo da segunda. Indique um ponto de partida, a aproximadamente 1,5 m de distância da terceira fileira de bambolês. Esse é o local onde o aluno deve se posicionar.

Procedimentos
1. Posicione o aluno na linha de partida (trace uma linha) na parte inferior do quadrado formado por bambolês e dê a ele o saquinho de feijão.
2. O aluno deve tentar jogar o saquinho dentro de um dos bambolês no tabuleiro de jogo da velha.
3. Ele deve continuar jogando os saquinhos até conseguir alinhar três deles (pode ser na vertical, horizontal ou diagonal).

Variações para tornar a atividade mais fácil
- Use a técnica da mão sobre a mão.
- Faça o tabuleiro de jogo da velha em um nível mais alto (sobre uma mesa).
- Faça o tabuleiro de jogo da velha em um nível mais alto e use fita em vez de bambolês. Então, oriente os alunos a empurrarem os saquinhos de feijão para dentro dos quadrados.
- Utilize um objeto maior, mais leve ou mais fácil de pegar para ser jogado pelo aluno.

Variações para tornar a atividade mais complexa
- Peça aos alunos para jogarem o objeto de uma distância maior.
- Utilize bambolês menores.
- Diversifique o jogo da velha:
  - marcar quatro cantos;
  - completar o tabuleiro.
- Diga ao aluno qual o tipo de linha ele deve formar (vertical, horizontal ou diagonal).
- Faça uma competição entre os alunos.

Questões informais para avaliação
- O aluno é capaz de soltar o saquinho de feijão na direção do tabuleiro?
- O aluno é capaz de reconhecer que os saquinhos estão alinhados, como em um jogo da velha?

Jogue e role!

Conceito primário
Coordenação olho-mão.

Conceitos secundários
Arremesso; fazer rolar; mira, força e precisão.

Objetivo da atividade
Demonstrar cooperação entre colegas. Um aluno joga um saquinho de feijão em um espaço aberto, e o outro arremessa uma bola com o objetivo de fazê-la parar o mais próximo possível do saquinho.

Equipamentos
Novelos (um por aluno); saquinhos de feijão (um para cada dois alunos).

Preparação
Encontre uma área grande, plana e livre de obstáculos.

Procedimentos
1. Peça aos alunos para se organizarem em duplas (encontre uma forma adequada para agrupá-los).
2. Dê um novelo para cada aluno e um saquinho de feijão para cada dupla.
3. Um aluno inicia a atividade jogando o saquinho onde desejar dentro da área designada (o arremesso pode ser a curta ou longa distância).
4. Os alunos, então, devem se revezar rolando seus novelos com o intuito de que fiquem o mais próximo possível do saquinho.
5. Quem conseguir que o novelo fique mais perto do saquinho inicia a próxima jogada, arremessando o saquinho onde desejar.
6. Caso os alunos não cheguem a um acordo sobre qual novelo está mais próximo do saquinho, faça com que meçam essa distância com os pés.

Variações para tornar a atividade mais fácil
- Permita que os alunos empurrem seus novelos a partir de seu colo ou os derrubem na direção do saquinho.
- Incentive os alunos a jogarem em grupo, sentando-os em um grande círculo. Cada aluno deve rolar seu novelo, tentando fazer com que fique o mais próximo possível do saquinho no centro do círculo.
- Permita que os alunos usem rampas ou tubos de papelão para rolarem o novelo.

Variações para tornar a atividade mais complexa
- Esta é uma ótima atividade para se praticar com podômetros!
- Debata a respeito de mira, força e precisão.
- Utilize uma régua para determinar qual é o novelo mais próximo do saquinho.

Questões informais para avaliação
- O aluno sabe se revezar de forma adequada?
- O aluno é capaz de identificar qual é o novelo mais próximo do saquinho?

Borrifar água

Conceito primário
Coordenação olho-mão.

Conceitos secundários
Pegar e largar; mira, força e precisão.

Objetivo da atividade
Derrubar uma bola de pingue-pongue de cima de uma garrafa de água ou de um cone jogando água com um borrifador.

Equipamentos
Borrifador; bola de pingue-pongue; garrafa de água ou cone.

Preparação
Encha o borrifador com água. Coloque a bola de pingue-pongue no topo da garrafa de água ou do cone e disponha-os sobre uma mesa ou alguma superfície na altura dos olhos.

Dica de segurança
Coloque toalhas sob as garrafas para que absorvam a água, ou faça a atividade em uma área gramada para evitar que o chão fique molhado.

Procedimentos
1. Posicione o aluno a aproximadamente 1 m de distância da bola de pingue-pongue com o borrifador nas mãos.
2. Ao seu sinal, peça ao aluno para começar a borrifar água na bola de pingue-pongue para derrubá-la de cima da garrafa ou do cone.
3. Separe várias bolas de pingue-pongue para diversas tentativas ou alunos.

Variações para tornar a atividade mais fácil
- Posicione o aluno mais próximo ao alvo.
- Ajuste o borrifador para que o fluxo de água seja mais direto, como um jato.
- Permita que o aluno use as mãos ou outra parte do corpo, ou utilize ainda um instrumento para derrubar a bola.

Variações para tornar a atividade mais complexa
- Prepare várias bolas de pingue-pongue em cones ou garrafas de água e observe quanto tempo o aluno leva para derrubar todas.
- Faça uma competição entre os alunos.

Questões informais para avaliação
- O aluno é capaz de jogar a bola de pingue-pongue para fora da garrafa de água?
- O aluno é capaz de manusear corretamente o borrifador, espirrando água de forma constante?

Bola no barbante

Conceito primário
Coordenação olho-mão.

Conceito secundário
Cruzar a linha média do corpo.

Objetivo da atividade
Usar uma das mãos para empurrar uma bola de um lado do corpo em direção ao outro, cruzando a linha média. Passar a bola para outro aluno.

Equipamentos
Bola perfurada (de beisebol); barbante.

Preparação
Insira o barbante no interior da bola, transpassando-a. Amarre as pontas do barbante a dois pontos fixos, como uma maçaneta ou cadeira. Posicione o aluno de forma que a bola fique na frente de seu corpo, ao alcance de seus braços.

Procedimentos
1. Posicione o aluno de forma que a bola fique na frente de seu corpo, na altura de seus olhos e ao alcance de seus braços.
2. Peça ao aluno para segurar a bola com sua mão dominante e deslocar para o outro lado, cruzando a linha média do corpo (da direita para a esquerda ou da esquerda para a direita).

Variações para tornar a atividade mais fácil
- Use a técnica da mão sobre a mão até que o aluno compreenda o que deve ser feito.
- Oriente o aluno a seguir a bola com o olhar à medida que outro aluno a movimenta.

Variações para tornar a atividade mais complexa
- Peça aos alunos para se sentarem em círculo e segurarem o barbante. Um aluno desliza a bola pelo barbante, passando-a para o aluno que está ao seu lado, até que a bola percorra um círculo completo.
- Incentive os alunos a jogarem um jogo parecido com "batata quente". Quando a música para, a pessoa que está segurando a bola deve fazer algo. Por exemplo, bater palmas, cantar uma música, girar em torno de seu corpo ou qualquer atividade de acordo com seu nível de habilidade.
- Utilize várias bolas.

Questões informais para avaliação
- O aluno é capaz de movimentar a bola cruzando a linha média de seu corpo?
- O aluno é capaz de prever de qual lado a bola está vindo?

Boliche suspenso

Conceito primário
Coordenação olho-mão.

Conceitos secundários
Mira, força, precisão.

Objetivo da atividade
Empurrar uma bola suspensa por uma corda contra pinos de boliche para derrubá-los.

Equipamentos
Corda de aproximadamente 6 m de comprimento; bola; fronha; pinos de boliche ou recipientes leves que possam ser derrubados com facilidade (p. ex., garrafas plásticas); gancho suspenso ou tabela de basquete.

Preparação
Coloque a bola dentro da fronha e feche-a amarrando com uma corda. Prenda a outra ponta da corda no gancho junto ao teto ou no aro da tabela de basquete, de forma que a bola fique suspensa a cerca de 30 cm do chão. Logo atrás da bola suspensa, arrume os pinos de boliche de forma agrupada no chão. Posicione o aluno a cerca de 3 m de distância da bola, voltado para os pinos.

Procedimentos
1. Posicione o aluno de frente para os pinos de boliche, a 3 m de distância.
2. Peça a ele para segurar a bola com ambas as mãos ou em seu colo.
3. Ao comando "Vai", o aluno deve soltar a bola, movimentando-a para a frente, para tentar derrubar os pinos de boliche.

Variações para tornar a atividade mais fácil
- Ajude o aluno usando a técnica de mão sobre a mão.
- Use uma bola mais leve ou maior.
- Coloque mais pinos.

Variações para tornar a atividade mais complexa
- Posicione o aluno em diferentes ângulos em relação aos pinos.
- Afaste os pinos uns dos outros de forma que o aluno tenha de mirar a bola.

Atividades que envolvem coordenação olhos-mãos e olhos-pés   81

Questões informais para avaliação
- O aluno é capaz de soltar a bola em direção aos pinos de boliche?
- O aluno é capaz de se colocar em uma posição adequada para derrubar o máximo de pinos possível?

Capítulo 4

Atividades de movimentação espacial

As 12 atividades descritas neste capítulo abordam a movimentação dentro de limites determinados de forma segura, sem esbarrar uns nos outros. Muitas atividades que envolvem a movimentação espacial permitem que o aluno se desloque livremente enquanto segue sinais específicos ou conceitos preposicionais (p. ex., *pare, ande, por baixo, em volta, para cima*). Outras habilidades que podem ser identificadas dentro dessa categoria incluem perseguir, fugir e esquivar-se. Essas habilidades relacionadas ao movimento muitas vezes são vistas em jogos do tipo "pega-pega", em que a pessoa precisa pegar alguém ou evitar ser pega por outro jogador.

Pisoteando o plástico bolha

Conceito primário
Movimentação espacial.

Conceitos secundários
Movimentação criativa; ritmo e compasso.

Objetivo da atividade
Estourar as bolhas do plástico bolha pisoteando-o ou usando uma parte do corpo sugerida enquanto segue a batida de uma música.

Equipamentos
Plástico bolha (com bolhas grandes funciona melhor) de aproximadamente 4,5 m de comprimento; música ou tambor (algo que possa produzir ritmo).

Preparação
Coloque o plástico no chão de uma grande área de jogos, livre de obstáculos.

Procedimentos
1. Peça aos alunos para ficarem de pé na ponta do plástico bolha (calçando sapatos ou não).
2. Explique o que significa se movimentar acompanhando a batida de uma música ou tambor.
3. Ao seu sinal, oriente os alunos a pisotear o plástico de acordo com o ritmo da música ou tambor.
4. Agora, desafie os alunos a usarem diferentes partes do corpo para estourar o plástico.

Variações para tornar a atividade mais fácil
- Permita que os alunos passem sobre o plástico com cadeiras de rodas, andadores ou muletas.
- Coloque o plástico sobre uma mesa na frente do aluno e deixe ele usar as mãos para estourar as bolhas.
- Preste atenção no movimento dos alunos ao estourarem as bolhas com sucesso, e não na movimentação de acordo com o ritmo da música ou tambor.

Variações para tornar a atividade mais complexa
- Aumente a velocidade do ritmo de modo que os alunos tenham de se movimentar mais rapidamente.
- Elabore uma sequência (p. ex., pise com o pé direito, o pé esquerdo, a mão direita e depois a mão esquerda).

Questões informais para avaliação
- O aluno é capaz de estourar as bolhas do plástico usando a parte do corpo sugerida?
- O aluno é capaz de estourar as bolhas acompanhando o ritmo de uma música ou tambor?

Cones malucos

Conceito primário
Movimentação espacial.

Conceitos secundários
Perseguir, fugir, esquivar-se; vias de circulação.

Objetivo da atividade
Derrubar ou levantar cones cronometrando o tempo.

Equipamentos
Cones (cerca de 20 unidades); macarrões de piscina cortados ao meio.

Preparação
Disponha os cones aleatoriamente pela área do jogo. Corte os macarrões na metade.

Procedimentos
1. Peça aos alunos para se alinharem de um lado da área de jogo (marque no chão o local, se necessário). Dê a cada aluno uma metade de macarrão de piscina.
2. Ao seu sinal, os alunos devem correr e derrubar todos os cones na área de jogo usando seus macarrões.
3. Quando todos os cones estiverem derrubados, os alunos correm de volta para a área designada onde iniciaram o jogo. Isso conclui a primeira rodada.
4. Agora, ao seu sinal, os alunos têm de correr e levantar os cones. Quando todos os cones estiverem de pé e os alunos de volta para a área onde começaram o jogo, a rodada está completa.
5. Cronometre o tempo dos alunos e repita a atividade para ver se eles conseguem melhorar o tempo.

Variações para tornar a atividade mais fácil
- Use cones maiores ou coloque-os em cima de caixas para que fiquem em um nível mais elevado.
- Use menos cones.

Variações para tornar a atividade mais complexa
- Use mais cones.
- Divida a turma em duas equipes e coloque marcações em ambas as extremidades da área de jogo. Espalhe os cones pela área de forma aleatória, sendo metade deles deitados e a outra metade de pé. Explique-lhes que uma equipe tem de derrubar os cones e a outra tem de colocá-los em pé. Dê aos alunos aproximadamente 5 minutos para jogar. Então, ao seu sinal, oriente os alunos a voltarem para a área onde iniciaram o jogo. Os alunos mais habilidosos de cada time podem contar quantos cones estão de pé e quantos estão caídos.

Questões informais para avaliação
- O aluno derrubou ou levantou os cones conforme especificado?
- O aluno se moveu espacialmente de forma adequada sem ir em direção aos demais alunos?

Enchendo o cesto

Conceito primário
Movimentação espacial.

Conceito secundário
Agarrar e soltar.

Objetivo da atividade
Mover-se espacialmente enquanto coleta objetos para colocar em uma determinada área.

Equipamentos
Novelos ou objetos leves e fáceis de agarrar (aproximadamente 20 unidades); cones grandes, engradados plásticos ou caixas de papelão (algo que eleve os objetos mais próximos do nível dos olhos); 2 bambolês.

Preparação
Em uma grande área de jogo, disponha os cones aleatoriamente. Coloque ao menos um novelo em cada cone e um bambolê em cada extremidade da área de jogo.

Procedimentos
1. Ao seu sinal, oriente os alunos a se deslocarem pela área de jogo e a pegarem um novelo.
2. Os alunos, então, levam o novelo até um dos bambolês e colocam-no em seu interior antes de retornar à área de jogo para pegar outro novelo.
3. Os alunos devem pegar um novelo de cada vez.
4. A atividade estará completa quando todos os novelos estiverem nos bambolês.

Variações para tornar a atividade mais fácil
- Os alunos podem colocar os novelos em seus colos para carregá-los até os bambolês.
- Use objetos maiores ou que sejam mais fáceis de segurar.
- Use bolas de velcro e instrua os alunos a usarem luvas de velcro para pegá-las.

Variações para tornar a atividade mais complexa
- Divida a turma em duas equipes e oriente-as a coletar um objeto de uma cor específica para levar até o bambolê de sua equipe. Veja qual delas consegue coletar todos os seus objetos mais rapidamente.
- Coloque os novelos no chão.
- Incentive os alunos a se locomoverem pela área de jogo usando pranchas com rodinhas.

Atividades de movimentação espacial 89

Diversos objetos sendo utilizados para tornar a tarefa mais interessante.

Questões informais para avaliação
- O aluno se movimentou espacialmente sem ir em direção aos demais?
- O aluno colocou os novelos nos bambolês?

Siga o mestre no circuito com obstáculos

Conceito primário
Movimentação espacial.

Conceitos secundários
Vias de circulação; conceitos preposicionais.

Objetivo da atividade
Demonstrar sua capacidade de movimentação passando por um percurso com obstáculos enquanto se comporta como líder ou seguidor.

Equipamentos
Fita (caso a atividade seja feita em ambiente fechado); giz (caso a atividade seja feita ao ar livre); aproximadamente 10 cones, algum material para demarcação da área e obstáculos, os quais os alunos possam se movimentar por baixo, por cima, ao redor, por dentro e assim por diante.

Preparação
Em uma área grande de jogo, marque linhas no chão com a fita adesiva (se em ambiente fechado) ou giz (se ao ar livre) para demarcar vias ou, se você está usando um ginásio, use as linhas que demarcam a quadra de basquete. Se você estiver em um parquinho, use marcações do próprio ambiente. Coloque os cones formando uma linha reta, com uma distância de aproximadamente 60 cm entre eles. Faça as marcações no chão de forma aleatória.

Procedimentos
1. Organize os alunos em pares. Designe um aluno como o mestre e o outro como o seguidor.
2. Permita que os alunos usem toda a área para jogar "siga o mestre".
3. Demonstre aos alunos os tipos de movimentos que eles podem fazer ao longo do percurso com obstáculos:
   - andar em linha reta com ambos os pés alinhados, um pé na linha e o outro fora dela, ou com as pernas abertas e ambos os pés fora da linha (os alunos em cadeiras de rodas podem fazer a atividade com a roda direita ou a roda esquerda fora da linha ou com ambas as rodas fora dela);
   - fazer zigue-zague entre os cones;
   - movimentar-se em círculos em torno das demarcações no chão; pular sobre elas (para alunos em cadeiras de rodas, uma impulsão mais intensa pode representar um salto).
4. Incentive os mestres a serem criativos. Após aproximadamente 6 minutos, alterne os alunos para que o mestre passe a ser o seguidor e o seguidor seja o mestre.

Variações para tornar a atividade mais fácil
- Oriente a turma a jogar como um grupo, todos seguindo um só mestre.
- Instrua os alunos a falarem para onde gostariam de se mover enquanto você os direciona pela área de jogo.
- Use mais estímulos visuais ao longo do percurso, como objetos suspensos, atividades de causa e efeito (como brinquedos do tipo liga/desliga) e assim por diante.

Variações para tornar a atividade mais complexa
- Peça aos alunos para variarem a velocidade durante o percurso com obstáculos.
- Incentive os alunos a se locomoverem pelo circuito usando pranchas com rodinhas.
- Crie mais obstáculos (p. ex., túneis, arcos etc.).

Questões informais para avaliação
- O aluno é capaz de se movimentar pela área de jogo com segurança sem colidir com os outros?
- O seguidor é capaz de reproduzir os movimentos do mestre?

Pega-pega com macarrão

Conceito primário
Movimentação espacial.

Conceitos secundários
Perseguir, fugir, esquivar-se; resistência cardiorrespiratória.

Objetivo da atividade
Demonstrar cooperação no jogo de pega-pega enquanto manipula um macarrão de piscina.

Equipamento
Dois macarrões de piscina cortados ao meio.

Preparação
Encontre uma área de jogo ampla, plana e sem obstáculos. Corte os macarrões de piscina ao meio.

Dica de segurança
Lembre aos alunos os meios apropriados de pegar os colegas. As instruções podem incluir pegá-los somente abaixo da linha da cintura usando um toque leve.

Procedimentos
1. Peça aos alunos para se espalharem pela área de jogo.
2. Escolha quatro alunos (dependendo do tamanho da turma) para serem os "pegadores".
3. Os demais alunos tentarão escapar dos pegadores ("fugitivos").
4. Dê a cada pegador um macarrão de piscina para marcar as pessoas pegas.
5. Ao seu sinal, os alunos se movimentam pela área de jogo.
6. Alunos que são pegos devem ficar parados ("congelados") no local onde estão, até um outro pegador tocá-lo com um macarrão para "descongelá-lo".
7. Após aproximadamente 5 minutos, escolha novos pegadores.

Variações para tornar a atividade mais fácil
- Ajude os pegadores a se locomoverem pela área de jogo de forma que eles possam focar em segurar o macarrão para tocar os demais.
- Os alunos podem atuar tanto como "pegadores" como "fugitivos", pegando outros alunos, assim como tentando evitar serem pegos.

Variações para tornar a atividade mais complexa
- Instrua os alunos a jogarem usando prancha com rodinhas.
- Incentive os alunos a usarem diversas habilidades locomotoras enquanto se movimentam pela área de jogo (p. ex., saltar, galopar, deslizar, andar, pular).

Questões informais para avaliação
- O aluno é capaz de se movimentar espacialmente de forma segura?
- O aluno permaneceu "congelado" no mesmo lugar quando tocado com o macarrão de piscina?

Baquetas ritmadas e instrumentos musicais

Conceito primário
Movimentação espacial.

Conceitos secundários
Movimentação criativa; ritmo e compasso; conceitos preposicionais.

Objetivo da atividade
Manipular baquetas ou instrumentos musicais de acordo com o ritmo ou a batida da música.

Equipamentos
Baquetas (duas por aluno); instrumentos musicais (p. ex., tambor, maracas, sinos, tamborins – um por aluno); música apropriada e um aparelho de som.
- CD: *Ball, Hoop & Ribbon Activities for Young Children*, da Kimbo Educational.
- CD: *Kids in Action*, de Greg & Steve.
- CD: *Rock'N'Roll Songs That Teach* e *Sift and Splash*, da The Learning Station.

Preparação
Não requer preparação especial.

Procedimentos
1. Peça aos alunos para manipularem seus instrumentos musicais ou baterem suas baquetas de acordo com o ritmo da música, imitando seus movimentos enquanto se deslocam espacialmente.
2. Instrua os alunos a manipularem os instrumentos ou baquetas para a esquerda, direita, acima, abaixo, para a frente e para trás.
3. Incentive os alunos a manipularem os instrumentos ou baquetas em compassos rápido, médio e devagar.
4. Explique aos alunos para iniciar e parar o movimento ao seu comando.

Variações para tornar a atividade mais fácil
- Use a técnica de mão sobre a mão (assistência física).
- Peça ao aluno para segurar uma baqueta enquanto você bate nela com outra baqueta.
- Use uma tira de velcro para prender o instrumento do aluno ao punho dele, de forma que ele não necessite segurá-lo.
- Coloque o instrumento em uma mesa em frente ao aluno ou no colo dele (p. ex., um tambor).
- Incentive os alunos a manipularem o instrumento ou baqueta enquanto permanecem parados.

Variações para tornar a atividade mais complexa
- Incentive o aluno a transmitir o ritmo do instrumento ou baqueta para a classe.
- Peça aos alunos mais habilidosos para ajudarem os menos habilidosos (técnica de mão sobre a mão).
- Oriente-os a identificar os instrumentos pelo nome deles.
- Encoraje os alunos a cantarem junto com a música.
- Incentive-os a criarem uma dança ou uma sequência de movimentos usando as baquetas ou os instrumentos.
- Forme uma banda, posicionando os alunos em fila e movimentando-se pela sala tocando os instrumentos.

Questões informais para avaliação
- O aluno é capaz de manipular o instrumento ou as baquetas no ritmo apropriado?
- O aluno está se movendo espacialmente de forma segura, sem colidir com os colegas?

Varetas com fitas e lenços

Conceito primário
Movimentação espacial.

Conceitos secundários
Movimentação criativa; ritmo e compasso.

Objetivo da atividade
Manipular um lenço ou vareta com fita enquanto se movimenta no ritmo ou na batida da música.

Equipamentos
Lenços ou varetas com fitas (de ginástica artística, um ou dois por aluno); música e aparelho de som.
- Para produzir varetas com fitas caseiras, prenda fitas ou tiras de tecido em uma argola ou vareta.
- CD: *Ball, Hoop & Ribbon Activities for Young Children*, da Kimbo Educational.
- CD: *Kids in Action*, de Greg & Steve.
- CD: *Rock'N'Roll Songs That Teach* e *Sift and Splash*, da The Learning Station.

Preparação
Encontre uma área grande de atividades, livre de obstáculos.

Procedimentos
1. Peça aos alunos para começarem com um lenço ou uma vareta com fita (duas se os alunos forem mais avançados).
2. Oriente os alunos a imitarem várias maneiras de movimentar o lenço ou a vareta com fita:
   - círculos grandes;
   - para cima, para baixo;
   - para a esquerda, para a direita;
   - na frente e atrás do corpo;
   - rápido ou devagar;
   - jogue para cima e pegue (o lenço);
   - jogue para cima, bata palma e pegue (o lenço);
   - jogue para cima, gire o corpo uma vez e pegue (o lenço).
3. Coloque uma música para tocar e incentive os alunos a moverem seus lenços ou varetas com fitas no ritmo dela.
4. Incentive os alunos a serem criativos na movimentação de seus lenços ou varetas com fitas no ritmo da música.

Variações para tornar a atividade mais fácil
- Use a técnica de mão sobre a mão.
- Amarre o lenço ou a fita a um bracelete e o coloque no punho do aluno.
- Oriente o aluno a manipular o lenço ou a fita enquanto fica de pé parado ou mantém-se sentado.

Variações para tornar a atividade mais complexa
- Peça aos alunos para passarem os lenços ou bastões com fitas para os colegas.
- Instrua um aluno a liderar a movimentação e peça ao restante da turma para imitar esse aluno.
- Incentive os alunos a elaborarem sequências com dois, três ou quatro movimentos.

Questões informais para avaliação
- O aluno é capaz de manipular o lenço ou o bastão com fita no ritmo da música?
- O aluno se movimentou espacialmente com segurança, sem colidir com os colegas?

Roubar o frango

Conceito primário
Movimentação espacial.

Conceitos secundários
Perseguir, fugir, esquivar-se; resistência cardiorrespiratória.

Objetivo da atividade
Locomover-se espacialmente para recolher um objeto antes de seu parceiro e depois retornar para uma área designada sem ser pego.

Equipamentos
Frango de borracha ou algum objeto pequeno e leve que os alunos possam segurar; material para demarcação de local.

Preparação
Faça duas demarcações a aproximadamente 6 m de distância. No centro de cada demarcação, coloque um frango. Se o aluno estiver em uma cadeira de rodas ou não conseguir se curvar para pegá-lo, coloque-o sobre uma mesa, uma caixa ou um cone para elevar o objeto a um nível que o aluno possa alcançá-lo.

Dica de segurança
Lembre aos alunos as maneiras apropriadas de pegar os colegas. As instruções podem incluir pegar somente abaixo da linha da cintura, usando um toque leve.

Procedimentos
1. Peça aos alunos para ficarem frente a frente nas marcações.
2. Ao seu sinal, os alunos correm até o frango na área do outro aluno o mais rápido possível. O primeiro que chegar ao frango, pega-o e corre de volta para sua área rapidamente.
3. O aluno que não pegou o frango primeiro tenta pegar o adversário que tem o frango antes que este chegue à área designada. Se o aluno é pego pelo seu adversário antes de chegar à área designada, eles repetem a atividade.

Variações para tornar a atividade mais fácil
- Posicione o frango no nível dos olhos dos alunos (sobre uma mesa ou outra superfície elevada).
- Em vez de ter um aluno pegando o frango, oriente-o a tocar o frango, apertar um botão que acenda uma luz, virar uma carta ou realizar qualquer outra ação similar.

Atividades de movimentação espacial 99

- Ajude os alunos durante a atividade até que eles entendam o conceito.
- Designe quem vai ficar com o frango e quem vai tentar pegar o aluno adversário antes do sinal de partida. Instrua o pegador a usar um macarrão de piscina para tocar o aluno com o frango. Isso dá a ele grande vantagem para tocar o adversário, por aumentar seu alcance.
- Incentive os alunos a jogarem individualmente e marque seus tempos usando um cronômetro. Encoraje-os a melhorarem seus tempos.

Variações para tornar a atividade mais complexa
- Incentive os alunos a usarem diferentes habilidades motoras enquanto se movimentam em direção ao frango (p. ex., andar como caranguejo, rastejar, engatinhar, galopar, saltitar).
- Designe um aluno que iniciará o jogo. Esse aluno realiza um gesto com a mão ou fica em uma postura (p. ex., ambas as mãos acima da cabeça, uma das mãos tocando a orelha). O outro aluno deve imitar o gesto ou a postura. Uma vez que ambos os alunos estejam realizando o gesto ou postura, eles podem iniciar a atividade (ou seja, correr até o frango).

Questões informais para avaliação
- O aluno é capaz de se movimentar na direção apropriada tanto quando está indo buscar o frango como quando está tentando pegar o aluno que tem o frango?
- O aluno é capaz de pegar o frango e carregá-lo apropriadamente?

Pare e siga!

Conceito primário
Movimentação espacial.

Conceitos secundários
Resistência cardiorrespiratória; conceitos preposicionais.

Objetivo da atividade
Entender os conceitos de pare e siga enquanto se movimenta espacialmente.

Equipamento
Sinal de pare e siga (sinal verde/vermelho, música ou instrumento).

Preparação
Procure um espaço vazio e delimitado, sem obstáculos.

Procedimentos
1. Oriente os alunos a encontrarem um espaço de forma que eles possam ficar em pé sem tocar outro aluno.
2. Ao seu comando, os alunos devem se movimentar espacialmente, sem colidir com os colegas, quando verem um sinal verde e parar quando verem um sinal vermelho. Se você estiver usando música, eles têm de se movimentar quando a ouvirem e parar quando ela parar.
3. Os alunos não precisam se movimentar em linha reta como no jogo tradicional de luz verde e luz vermelha. Permita-os circular por todo o espaço designado.

Variações para tornar a atividade mais fácil
- Se você estiver guiando um aluno, peça a ele para determinar quando parar e quando seguir (p. ex., erguendo um cartão vermelho para parar e um verde para seguir, apertando um botão uma vez para parar e duas vezes para seguir, verbalizando "pare" ou "siga").
- Em vez de movimentar o corpo dos alunos, permita que eles movimentem sozinhos uma parte do corpo, como a mão ou a cabeça, enquanto seguem os sinais de pare" e "siga".

Variações para tornar a atividade mais complexa
- Peça aos alunos para se deslocarem pelo espaço usando pranchas com rodinhas.
- Oriente os alunos a manipularem um objeto (p. ex., quicar uma bola, jogar um saquinho de feijão para o alto e pegá-lo) enquanto seguem os sinais de "pare" e "siga".
- Coloque obstáculos na área de jogo.

Atividades de movimentação espacial 101

Questões informais para avaliação
- O aluno demonstra movimentação adequada aos sinais "pare" e "siga"?
- O aluno é capaz de se locomover espacialmente sem colidir com os colegas?

Pegue a cauda

Conceito primário
Movimentação espacial.

Conceitos secundários
Perseguir, fugir, esquivar-se; resistência cardiorrespiratória.

Objetivo da atividade
Puxar a "cauda" de outro aluno enquanto se movimenta espacialmente.

Equipamento
Meias longas (que vão até o joelho), fita ou cordão (um por aluno).

Preparação
Encontre uma área grande de jogo, livre de obstáculos.

Procedimentos
1. Peça aos alunos para prenderem suas "caudas" nas calças, deixando a maior parte exposta. Alunos em cadeiras de rodas devem fixar as caudas atrás da cadeira.
2. Oriente-os a se movimentarem espacialmente, tentando agarrar a cauda de um colega.
3. Uma vez que o aluno puxar a cauda do colega, ele a devolve para esse aluno, que a coloca de volta nas suas calças, e o jogo continua.

Variações para tornar a atividade mais fácil
- Dê caudas somente para um ou dois alunos e instrua o restante da turma a tentar puxar as caudas desses alunos.
- Ajude-os a se movimentar pela área de jogo.
- Auxilie-os a prenderem as caudas.

Variações para tornar a atividade mais complexa
- Incentive os alunos a se movimentar usando várias habilidades locomotoras.
- Instrua os alunos a usarem habilidades de escapar, como girar e mudar rapidamente de direção, para evitar terem suas caudas pegas.

Questões informais para avaliação
- O aluno é capaz de se movimentar pela área de jogo com segurança sem colidir com os colegas?
- O aluno é capaz de puxar a cauda do colega de forma adequada?

Atividades de movimentação espacial 103

Basquete em equipe

Conceito primário
Movimentação espacial.

Conceitos secundários
Passar a bola, trabalho em equipe; resistência cardiorrespiratória.

Objetivo da atividade
Passar a bola entre todos os integrantes da equipe antes de soltá-la dentro do local designado para pontuar.

Equipamentos
Bola de basquete ou outra bola semelhante; 2 bambolês ou cestos; cones para demarcar os limites (se necessário).

Preparação
Encontre uma área de jogo grande e livre de obstáculos, similar a uma quadra de basquete. As dimensões podem variar de acordo com as habilidades e necessidades dos alunos. Coloque um bambolê ou cesto em cada ponta da área de jogo.

Procedimentos
1. Divida os alunos em duas equipes.
2. Explique aos alunos em qual cesto eles devem tentar marcar pontos.
3. Os alunos devem passar a bola entre todos os jogadores do seu time antes de soltá-la dentro do cesto para pontuar.
4. Se a bola é tomada pela equipe adversária e depois recuperada, esta equipe deve iniciar a sequência de passes novamente.

Variações para tornar a atividade mais fácil
- Incentive todos os participantes a trabalharem juntos como um só time para pontuar.
- Use uma bexiga ou bola mais leve.
- Use uma bola menor para facilitar a preensão.
- Deixe os alunos empurrarem a bola para o colo de um colega.
- Permita que, quando a bola tocar um colega, isso conte como um passe.
- Estabeleça uma área de jogo menor.

Variações para tornar a atividade mais complexa
- Posicione o cesto em um nível mais alto.
- Use regras mais tradicionais de basquete.
- Peça aos alunos para falarem o nome da pessoa para quem eles estão passando a bola.

Atividades de movimentação espacial 105

Nesta variação, os alunos devem passar a bola antes do arremesso.

Questões informais para avaliação
- O aluno é capaz de passar a bola para outra pessoa do seu time?
- O aluno é capaz de colocar a bola no cesto no momento apropriado?

Tráfego

Conceito primário
Movimentação espacial.

Conceitos secundários
Resistência cardiorrespiratória; conceitos de movimentação.

Objetivo da atividade
Movimentar-se espacialmente enquanto segue pistas para se deslocar de maneira rápida, média e devagar e parar.

Equipamentos
Placas grandes para "rápido", "médio", "devagar" e "pare"; música ou um instrumento musical (tambor) com batidas rápida, média e lenta.

Preparação
Encontre uma área de jogo grande, sem obstáculos.

Procedimentos
1. Assegure-se de que os alunos entendem os conceitos de "rápido", "médio", "devagar" e "pare".
2. Explique o sinal que representa cada um desses conceitos, ou como o ritmo da música representa cada conceito.
3. Ao seu sinal, peça aos alunos para se movimentarem espacialmente sem colidirem entre si, seguindo os comandos ("rápido", "médio", "devagar" e "pare").

Variações para tornar a atividade mais fácil
- Use somente pistas verbais e visuais.
- Use apenas os comandos "pare" e "siga".

Variações para tornar a atividade mais complexa
- Use mais tipos de comandos de tráfego.
- Peça a um aluno para dizer os comandos.
- Instrua os alunos a se movimentarem usando pranchas com rodinhas.
- Incentive os alunos a se movimentarem espacialmente usando movimentos específicos (p. ex., pular, galopar, saltitar).

Questões informais para avaliação
- O aluno é capaz de se movimentar espacialmente com segurança sem colidir com os colegas?
- O aluno é capaz de demonstrar entendimento dos conceitos de "rápido", "médio", "devagar" e "pare" apropriadamente?

Atividades de movimentação espacial 107

Apêndice

Pesquisa baseada em evidência

Atividades físicas para jovens com deficiências graves baseia-se em mais de 30 anos de experiência em ensino e trabalho com pessoas com deficiências graves, bem como em uma revisão das pesquisas baseadas em evidências. A atividade física é importante para a população em geral, incluindo indivíduos com deficiências. Ao praticar atividades físicas regularmente, pessoas com deficiências podem melhorar sua qualidade de vida aprimorando a habilidade de realizar atividades relacionadas à vida diária (Campbell & Jones, 1994; Damiano & Abel, 1998; Damiano, Vaughan & Abel, 1995; Dodd, Taylor & Graham, 2003; McBurney et al., 2003; Schlough et al., 2005). Legislações como a Individuals with Disabilities Education Improvement (Congresso dos Estados Unidos, 2004) e organizações governamentais como a United States Department of Health and Human Services (USDHHS, 2000), a Organização Mundial de Saúde (OMS, 2010) e o Centers for Disease Control and Prevention (CDC, 2010) orientam tanto políticas quanto práticas para melhorar os níveis de atividade física em pessoas com deficiências.

Programas de intervenção de exercícios são um modo eficaz de avaliar e melhorar os quatro componentes principais da saúde global de pessoas com deficiência: força muscular, resistência cardiorrespiratória, flexibilidade e bem-estar psicológico (Damiano, Vaughan & Abel, 1995; Dodd, Taylor e Graham, 2003; McBurney et al., 2003; Schlough et al., 2005). Pesquisas têm enfocado tanto programas de exercícios de longo prazo (25 semanas de duração) quanto de curto prazo (menos de 1 semana) para pessoas com deficiência (Damiano, Vaughan & Abel, 1995; Dodd, Taylor & Graham, 2003; McBurney et al., 2003; Schlough et al., 2005). Na realidade, McBurney et al. (2003) perceberam um

> Cerca de 10% da população mundial, ou 650 milhões de pessoas, vivem com deficiências (OMS, 2010).

aumento significativo na força muscular dos membros inferiores entre participantes de um programa de exercícios de 6 semanas de duração, concebido para mensurar força muscular em adolescentes com paralisia cerebral. Esses achados são consistentes com outros programas de exercício que também indicam os benefícios de um programa de treino de fortalecimento muscular para crianças com paralisia cerebral (Damiano & Abel, 1998; Dodd, Taylor & Graham, 2003).

Melhorar a resistência cardiorrespiratória permite que pessoas com deficiência supram as demandas associadas às atividades da vida diária com maior facilidade (Damiano, Vaughan & Abel, 1995; Santiago, Coyle & Kinney, 1993; Schlough et al., 2005; Shinohara et al., 2002). Em um estudo realizado em 2002, Shinohara et al., demonstraram que exercícios usando os membros inferiores melhoram a resistência de crianças com paralisia cerebral.

A flexibilidade pode melhorar a independência do indivíduo por tornar mais fáceis diversas tarefas da vida diária, como tomar banho, vestir-se e realizar tarefas domésticas. Programas de exercício que incorporam o treino de flexibilidade resultam em melhora significativa na amplitude de movimento de pessoas com deficiências físicas graves que tendem a ter tanto contraturas quanto espasticidade envolvendo articulações e músculos (Fragala, Goodgold & Dumas, 2003; McPherson et al., 1984; Richards, Malouin & Dumas, 1991; Tremblay et al., 1990). Essas condições afetam a movimentação global e podem limitar a amplitude de movimento. Quanto a opções terapêuticas, procedimentos tanto invasivos (ortetização e cirurgias) quanto não invasivos podem ser implementados. Alongamento muscular passivo e exercícios físicos são técnicas não invasivas que podem reduzir a espasticidade muscular e contraturas, o que levará, então, à possibilidade de melhora na amplitude de movimento. No estudo de Tremblay et al. (1990), mudanças significativas foram encontradas na espasticidade de músculos específicos que foram submetidos a alongamentos musculares prolongados. Esse estudo mediu as mudanças a curto prazo de 12 crianças com paralisia cerebral designadas a um grupo experimental, e chegou-se à conclusão que o alongamento muscular prolongado reduz a espasticidade, além de ter sido demonstrado também um aumento na amplitude de movimento dessas crianças com paralisia cerebral.

> Crianças e adolescentes devem realizar 60 minutos ou mais de atividade física diariamente (CDC, 2010).

> Em 2007 (CDC), 65% dos jovens no ensino médio não realizaram a quantidade recomendada de atividade física; 35% deles assistiam à televisão por 3 horas ou mais durante um dia letivo normal.

A atividade física não somente melhora os níveis globais de condicionamento físico para a independência e funcionalidade, como também proporciona benefícios psicológicos em indivíduos com deficiências físicas graves (Blinde & McClung, 1997; Campbell & Jones, 1994; Giacobbi et al., 2006). Tais benefícios incluem um aumento na energia, um senso de felicidade pessoal, confiança, responsabilidade pessoal, melhora na autopercepção, na autoestima e em uma maior disposição para interagir com as pessoas em geral.

A combinação dos benefícios fisiológicos e psicológicos da realização de exercícios é excelente para o incremento da qualidade de vida do indivíduo (Schlough et al., 2005). O aumento no tempo dedicado ao exercício pode melhorar a funcionalidade em tarefas do dia a dia, assim como o bem-estar pessoal e social das pessoas com deficiências físicas (Seaman, Corbin & Pangrazi, 1999). Por fim, os programas de exercício são mais eficazes quando realizados regularmente com o mínimo de interrupções em sua condução (Dodd, Taylor & Graham, 2003; McBurney et al., 2003; Schlough et al., 2005; Shinohara et al., 2002).

Recursos

Nesta seção, você encontrará recursos adicionais que podem ajudar no trabalho com pessoas com deficiência e na aplicação das atividades propostas neste livro. É possível encontrar sites da internet, livros e outros materiais que também auxiliam nas atividades educativas e no trabalho com indivíduos com deficiência no contexto das atividades físicas.

Sites

American Alliance for Health, Physical Education, Recreation and Dance (AAHPERD)

www.aahperd.org

Esta é a maior organização norte-americana de profissionais que apoiam e auxiliam pessoas envolvidas na promoção da saúde, educação física, lazer, condicionamento físico e dança.

Human Kinetics

www.HumanKinetics.com

Esta é uma das maiores editoras de livros sobre atividade física e de obras de referência para educação física tanto tradicional quanto adaptada.

National Association for Sport and Physical Education (NASPE)

www.aahperd.org/naspe

Esta associação sem fins lucrativos estabelece padrões para a prática de esportes e educação física em todos os níveis escolares. É uma das cinco associações norte-americanas que compõem a American Alliance for Health, Physical Education, Recreation and Dance, conhecida como AAHPERD.

National Dissemination Center for Children with Disabilities (NICHCY)

www.nichcy.org

Este site é um recurso para educadores, familiares, pesquisadores e alunos. Ele contém informações sobre crianças e adolescentes desde o nascimento até os 22 anos de idade. Os tópicos incluem informações sobre deficiências, serviços de intervenção precoce, serviços de educação especial, pesquisas sobre a eficácia de práticas educacionais, informações sobre o processo dos programas de educação individualizada, organizações de deficientes, direitos educacionais e legislação, associações profissionais e transição para a vida adulta.

PE Central

www.pecentral.org
Este site fornece recursos on-line para professores e educadores em saúde e educação física de todas as séries escolares. Disponibiliza as informações mais atualizadas sobre ideias de aulas, avaliações, estratégias de gestão de classe, empregos na área, equipamentos e as melhores práticas em educação física.

Música

Greg & Steve

www.gregandsteve.com
Greg & Steve formam uma dupla que se especializou em músicas para crianças de 3 a 9 anos de idade. A música de Greg & Steve é interativa e auxilia no ensino de conceitos básicos para crianças nessa faixa etária. A seguir, há uma lista de CDs gravados por eles. Estes álbuns enfocam movimento e exercício.

Shake, Rattle & Rock
Ready... Set... MOVE!
Fun and Games
Kids in Motion
Kids in Action

The Learning Station

http://store.learningstationmusic.com
A Learning Station é formada por um grupo de artistas que se especializaram em desenvolvimento e educação na primeira infância. Ela produziu centenas de músicas interativas para melhorar o aprendizado de crianças nos Estados Unidos. A seguir, há uma lista de CDs gravados pela companhia. Estes álbuns enfocam movimento e exercício.

Sift and Splash
Seasonal Songs in Motion
Brain Boogie Boosters
Rock'n'Roll Songs That Teach
Physical Ed
Get Funky
You Can Dance
Tony Chestnut

Equipamentos adaptados

FlagHouse
www.flaghouse.com
FlagHouse é um fornecedor de equipamentos e recursos para educação física, esportes, condicionamento físico e recreação, além de equipamentos para saúde, necessidades especiais, educação especial, integração sensorial e ambientes multissensoriais.
Especialidade escolar: "Abilitations"
www.abilitations.com
Esta organização enfoca movimentação, posicionamento, atividades sensório-motoras, educação, comunicação, exercícios e jogos.
S&S
http://pe.ssww.com
S&S é uma loja de descontos de produtos para educação física.
Gopher
www.gophersport.com
A Gopher oferece equipamentos da melhor qualidade para educação física, atletismo, condicionamento físico, recreação e profissionais da saúde.

Livros-texto

Auxter, D., Pyfer, J., Zittell, L., Roth, K., & Huettig, C. (2010). *Principles and methods of adapted physical education and recreation.* New York: McGraw-Hill.

Graham, G., Holt/Hale, S.A., & Parker, M. (2007). *Children moving: A reflective approach to teaching physical education* (7th ed.). New York: McGraw-Hill.

Kasser, S.L., & Lytle, R.K. (2005). *Inclusive physical activity: A lifetime of opportunities.* Champaign, Il: Human Kinetics.

Lieberman, L., & Houston-Wilson, C. (2009). *Strategies for inclusion: A handbook for physical educators.* Champaign, IL: Human Kinetics.

Sherrill, C. (2004). *Adapted physical activity, recreation and sport: Crossdisciplinary and lifespan* (6th ed.). New York: McGraw-Hill.

Winnick, J. (2005). *Adapted physical education and sport* (4th ed.). Champaign, IL: Human Kinetics.

Referências bibliográficas

Blinde, E.M., & McClung, L.R. (1997). Enhancing the physical and social self through recreational activity: Accounts of individuals with physical disabilities. *Adapted Physical Activity Quarterly,* 14, 327-344.

Brown, L., Branston, M.B., Hamre-Nietupski, S., Pumpian, I., Certo, N., & Gruenewald, L. (2001). A strategy for developing chronological-age-appropriate and functional curricular content for severely handicapped adolescents and young adults. *The Journal of Special Education,* 13 (1), 82-90.

Campbell, E., & Jones, G. (1994). Psychological well-being in wheelchair sport participants and nonparticipants. *Adapted Physical Activity Quarterly,* 11, 404-415.

Centers for Disease Control and Prevention (CDC). (2010). *Physical activity guidelines.* www.cdc.gov/physicalactivity/everyone/guidelines/adults.html.

Centers for Disease Control and Prevention (CDC). (2007). *Preventing chronic diseases: Investing wisely in health.* www.cdc.gov/nccdphp/publications/factsheets/Prevention/pdf/obesity.pdf.

Damiano, D.L., & Abel, M.F. (1998). Functional outcomes of strength training in spastic cerebral palsy. *Archives of Physical and Medical Rehabilitation,* 79, 119-125.

Damiano, D.L., Vaughan, C.L., & Abel, M.F. (1995). Muscle response to heavy resistance exercise in children with spastic cerebral palsy. *Developmental Medicine & Child Neurology,* 37, 731-739.

DePauw, K.P. (1996). Students with disabilities in physical education. In S.J. Silverman & C.D. Ennis (Eds.), *Student learning in physical education: Applying research to enhance instruction* (pp. 101-124). Champaign, IL: Human Kinetics.

Dodd, K.J., Taylor, N.F., & Graham, K.H. (2003). A randomized clinical trial of strength training in young people with cerebral palsy. *Developmental Medicine & Child Neurology,* 45, 652-657.

Fragala, M.A., Goodgold, S., & Dumas, H.M. (2003). Effects of lower extremity passive stretching: Pilot study of children and youth with severe limitations in self-mobility. *Pediatric Physical Therapy,* 15 (3), 167-175.

Giacobbi, P.R. Jr., Hardin, B., Frye, N., Hausenblas, H.A., Sears, S., & Stegelin, A. (2006). A multi-level examination of personality, exercise, and daily life events for individuals with physical disabilities. *Adapted Physical Activity Quarterly,* 23, 129-147.

Kasser, S.L., & Lytle, R.K. (2005). *Inclusive physical activity: A lifetime of opportunities.* Champaign, IL: Human Kinetics.

Kauffman, J.M., & Krouse, J. (1981). The cult of educability: Searching for the substance of things hoped for; the evidence of things not seen. *Analysis and Intervention in Developmental Disabilities,* 1, 53-60.

Kleinert, H.L., & Kearns, J.F. (1999). A validation study of the performance indicators and learner outcomes of Kentucky's alternative assessment for students with significant disabilities. *Journal of the Association for Persons with Severe Handicaps,* 24 (2), 100-110.

McBurney, H., Taylor, N.F., Dodd, K.J., & Graham, K.H. (2003). A qualitative analysis of the benefits of strength training for young people with cerebral palsy. *Developmental Medicine & Child Neurology,* 45, 658-663.

McPherson, J.J., Arends, T.G., Michaels, M.J., & Trettin, K. (1984). The range of motion of long knee contractures of four spastic cerebral palsied children: A pilot study. *Physical & Occupational Therapy in Pediatrics, 4* (1), 17-34.

Meyer, L.H., Eichinger, J., & Park-Lee, S. (1987). A validation of program quality indicators in educational services for students with severe disabilities. *Journal of the Association for Persons with Severe Handicaps, 12* (4), 251-263.

National Association for Sport and Physical Education (NASPE). (2004). *Moving into the future: National standards for physical education* (2nd ed.). Reston, VA: McGraw-Hill.

Richards, C.L., Malouin, F., & Dumas, F. (1991). Effects of a single session of prolonged planter flexor stretch on muscle activations during gait in spastic cerebral palsy. *Scandinavian Journal of Rehabilitation Medicine, 23,* 103-111.

Santiago, M.C., Coyle, C.P., & Kinney, W.B. (1993). Aerobic exercise effects on individuals with physical disabilities. *Archives of Physical Medicine and Rehabilitation, 74,* 1192-1197.

Schlough, K., Nawoczenski, D., Case, L.E, Nolan, K., & Wiggleworth, J.K. (2005). The effects of aerobic exercise on endurance, strength, function, and self-perception in adolescents with spastic cerebral palsy: A report of three case studies. *Pediatric Physical Therapy, 7* (4), 234-250.

Seaman, J.A., Corbin, C., & Pangrazi, B. (1999). Physical activity and fitness for persons with disabilities. *President's Council on Physical Fitness and Sports: Research Digest, 3* (5), 2-9.

Shinohara, T., Suzuki, N., Oba, M., Kawasumi, M., Kimizuka, M., & Mita, K. (2002). Effects of exercise at the AT point for children with cerebral palsy. *Hospital for Joint Diseases, 61* (1 & 2), 63-67.

Tremblay, F., Malouin, F., Richards, C.L., & Dumas, F. (1990). Effects of prolonged muscle stretch on reflex and voluntary muscle activations in children with spastic cerebral palsy. *Scandinavian Journal of Rehabilitation Medicine, 22,* 171-180.

United States Congress. (2004). P.L. 108-446 Individuals with Disabilities Education Improvement Act.

United States Department of Health and Human Services (USDHHS). (2000). *Healthy people 2010*. Rockville, MD: Office of Disease Prevention and Health Promotion.

Wolery, M., & Schuster, J.W. (1997). Instructional methods with students who have significant disabilities. *The Journal of Special Education, 31* (1), 61-79.

World Health Organization (WHO). (2010). *Disability and rehabilitation*. www.who.int/disabilities/en/.

Índice de atividades

Nome da atividade	Conceito(s) primário(s)	Conceito(s) secundário(s)	Equipamento(s)	Página
Acerte a lata	Coordenação olho--mão	Arremesso, fazer rolar, mira, força, precisão	Saquinhos de feijão,* latas ou garrafas vazias	64
Aeróbica com prato	Equilíbrio e flexibilidade	Força muscular, resistência cardior-respiratória	Pratos de papel lisos	12
Ataque com bola	Coordenação olho--mão	Atingir um alvo, resistência cardior-respiratória	Bola grande para ginástica, macar-rões de piscina, fita adesiva visível	48
Atingindo o balão	Coordenação olho--mão	Atingir um alvo, acompanhamento visual	Balão grande, barbante	50
Atividades de resistência com faixas elásticas	Fortalecimento muscular e resistência cardiorrespiratória	Flexibilidade	Faixas elásticas	42
Baquetas ritmadas e instrumentos musicais	Movimentação espacial	Movimentação criati-va, ritmo e compasso, conceitos preposi-cionais	Baquetas, instru-mentos musicais*, música, aparelho de som	94
Basquete em equipe	Movimentação espacial	Passar a bola, trabalho em equipe, resistência cardior-respiratória	Bola de basquete,* bambolês,* cones (opcional)	104
Bocha modificada	Coordenação olho--mão	Agarrar e soltar, mira, força, precisão	Bolinha de gude,* bolas de tamanho médio,* tubo de papelão	68
Bola no barbante	Coordenação olho--mão	Cruzar a linha média do corpo	Bola perfurada, barbante	78
Bola no gol!	Equilíbrio e flexibilidade	Coordenação olho--mão e olho-pé	Bola grande para ginástica	16
Boliche com o corpo	Equilíbrio e flexibilidade	Atingir um alvo	Pinos de boliche*, colchonete	4
Boliche em círculo	Coordenação olho--mão	Fazer rolar, mira, força, precisão	Pinos de boliche,* bola grande	56 (continua)

*Outras opções para equipamento estão descritas no plano de aula desta atividade.

117

118 Atividades físicas para jovens com deficiências graves

Nome da atividade	Conceito(s) primário(s)	Conceito(s) secundário(s)	Equipamento(s)	Página
Boliche suspenso	Coordenação olho- -mão	Mira, força, precisão	Corda de 6 m de comprimento, bola, fronha, pinos de boliche,* gancho*	80
Borrifar água	Coordenação olho- -mão	Pegar e largar, mira, força, precisão	Borrifador, bola de pingue-pongue, garrafa de água*	76
Cones malucos	Movimentação espacial	Perseguir, fugir, esquivar-se, vias de circulação	Cones, macarrões de piscina	86
Controle de caminho	Equilíbrio e flexibilidade	Coordenação olho- -pé, precisão	Giz*	14
Derrubar pinos	Coordenação olho- -mão	Mira, força e precisão	Saquinhos de feijão, garrafas de água, mesa	46
Desafio do saquinho de feijão	Equilíbrio e flexibilidade	Conceitos preposicionais, identificação de partes do corpo	Saquinhos de feijão	2
Diversão com paraquedas	Fortalecimento muscular e resistência cardiorrespiratória	Conceitos preposicionais, trabalho em equipe	Paraquedas, novelos de lã*	34
Enchendo o cesto	Movimentação espacial	Agarrar e soltar	Novelos,* cones grandes,* bambolês	88
Escalando a parede	Equilíbrio e flexibilidade	Coordenação olho- -mão	Papéis coloridos cortados em várias formas, tamanhos e texturas, fita adesiva	8
Esquivando-se das bolhas	Fortalecimento muscular e resistência cardiorrespiratória	Perseguir, fugir, esquivar-se, movimentação espacial, rastreamento visual	Bolhas de sabão, máquina geradora de bolhas (opcional)	26
Foguetes de balões	Fortalecimento muscular e resistência cardiorrespiratória	Movimentação criativa, habilidades locomotoras, movimentação espacial	Bomba de encher balões, balões- -foguete	24
Futebol em círculo	Coordenação olho- -mão	Chute, mira, força, precisão	Bola grande, cadeiras	58
Golfe com bola de praia	Coordenação olho- -mão	Atingir um alvo, mira, força, precisão	Macarrões de piscina,* bolas de praia, bambolês	52
Golfe de lançadeira	Coordenação olho- -mão	Arremesso, mira, força, precisão	Lançadeira,* baldes,* cones	62

*Outras opções para equipamento estão descritas no plano de aula desta atividade.

(continua)

Índice de atividades 119

Nome da atividade	Conceito(s) primário(s)	Conceito(s) secundário(s)	Equipamento(s)	Página
Hóquei com bolinha de pingue-pongue	Fortalecimento muscular e resistência cardiorrespiratória	Rastreamento visual	Bolinha de pingue-pongue, canudo (opcional), papelão,* mesa	36
Jogo da velha	Coordenação olho-mão	Arremesso, mira, força, precisão	Saquinhos de feijão, bambolês	72
Jogue a bola para fora	Coordenação olho-mão	Fazer rolar, mira, força, precisão	Bolas de praia, fita adesiva, bolas pequenas, rampa de boliche (opcional)	66
Jogue e role!	Coordenação olho-mão	Arremesso, fazer rolar, mira, força, precisão	Novelos, saquinhos de feijão	74
Labirinto de laser	Fortalecimento muscular e resistência cardiorrespiratória	Controle de cabeça, rastreamento visual	Caneta laser, faixa de cabeça, fita adesiva colorida	28
Minibeisebol	Fortalecimento muscular e resistência cardiorrespiratória	Coordenação olho-mão, acertar um alvo, movimentação espacial	Cone grande,* bola macia, bambolê, material para demarcar, macarrão de piscina*	30
No meu quintal, não!	Fortalecimento muscular e resistência cardiorrespiratória	Coordenação olho-mão, arremesso (mira, força, precisão), acertar um alvo	Novelos de lã,* fitas adesivas* ou giz	32
Pare e siga!	Movimentação espacial	Resistência cardiorrespiratória, conceitos preposicionais	Sinais de pare e siga*	100
Passando a bolinha de gude	Coordenação olho-mão	Trabalho em equipe	Tubos de papelão, bolinhas de gude	60
Pega-bolhas	Equilíbrio e flexibilidade	Identificação de partes do corpo, coordenação olho-mão	Bolhas de sabão, máquina geradora de bolhas (opcional)	6
Pega-pega com macarrão	Movimentação espacial	Perseguir, fugir, esquivar-se, resistência cardiorrespiratória	Macarrões de piscina	92
Pegue a cauda	Movimentação espacial	Perseguir, fugir, esquivar-se, resistência cardiorrespiratória	Fita*	102
Percurso com obstáculos numéricos	Fortalecimento muscular e resistência cardiorrespiratória	Movimentação espacial	Cartões com números, cronômetro (opcional)	38
Pisoteando o plástico bolha	Movimentação espacial	Movimentação criativa, ritmo e compasso	Plástico bolha, música ou tambor	84

*Outras opções para equipamento estão descritas no plano de aula desta atividade. (*continua*)

120 Atividades físicas para jovens com deficiências graves

Nome da atividade	Conceito(s) primário(s)	Conceito(s) secundário(s)	Equipamento(s)	Página
Pular corda com vareta de barraca	Equilíbrio e flexibilidade	Coordenação, força muscular	Varetas de barraca flexíveis	10
Roubar o frango	Movimentação espacial	Perseguir, fugir, esquivar-se, resistência cardiorrespiratória	Frango de borracha,* material para demarcar*	98
Saquinho de feijão no tabuleiro	Coordenação olho-mão	Mira, força, precisão	Saquinhos de feijão, mesa, fita adesiva visível	54
Sente-se e puxe	Equilíbrio e flexibilidade	Fortalecimento muscular, resistência cardiorrespiratória	Corda de aproximadamente 6 m de comprimento, gancho, prancha com rodinhas (opcional)	18
Siga o mestre no circuito com obstáculos	Movimentação espacial	Vias de circulação, conceitos preposicionais	Giz ou fita,* cones*	90
Superfutebol	Força muscular e resistência cardiorrespiratória	Coordenação olho-pé, movimentação espacial	Bola grande para ginástica, cones ou redes	40
Torneio das cadeiras	Coordenação olho-mão	Atingir um alvo, movimentação espacial	Macarrões de piscina, cones, bolas de tamanho médio	70
Tráfego	Movimentação espacial	Resistência cardiorrespiratória, conceitos de movimentação	Sinais visuais grandes para "rápido", "médio", "devagar" e "pare", música*	106
Varetas com fitas e lenços	Movimentação espacial	Movimentação criativa, ritmo e compasso	Lenços, bastões com fitas,* música, aparelho de som	96
Voleibol sentado	Equilíbrio e flexibilidade	Coordenação olho-mão, atingir um alvo	Bola de praia,* corda de aproximadamente 3,5 m de comprimento, duas cadeiras, material para demarcar	20

*Outras opções para equipamento estão descritas no plano de aula desta atividade.